中国

注释法学

文库

《尚书》法学内容译注

张紫葛　高绍先 著

商务印书馆

2020年·北京

广州大学公法研究中心合作项目

主持人　董　皞
顾问　李步云　应松年

广州大学社科专项资助

总　序

一个时代法学的昌明，总开始于注释法学；一个民族法学的复兴，须开始于历史法学。

虽然清朝帝制的陨落也正式宣告了中华法系生命的终结，但历史的延续中，文明的生命并不只在纸面上流动。在中华民族近现代法治文明孕育的肇端，中华法制传统转向以潜移默化地形式继续生息，西学东渐中舶来的西方法学固然是塑造中国作为现代民族国家法学的模型，但内里涌动的中国法文化传统却是造就当代中国法学的基因——这正是梅因要从古代法中去寻找英国法渊源的原因，也是萨维尼在德国法体系发展伊始即提出的："在人类信史展开的最为古老的时代，可以看出，法律已然秉有自身的特性，其为一定民族所特有，如同其语言、行为方式和基本的社会组织特征。"①

有鉴于此，从历史溯源来探索独特中华法治文明，重塑中华法系，是当代中华民族追求伟大复兴的必由之路。所以，当历史的沧桑和尘埃终于在半个多世纪的岁月里缓缓落定的时候，我们应在此刻再度回眸那个东西文明撞击的年代，会发现，在孜孜探求中国现代民族国家法学发展之路的民国，近代法学的先驱们尝试将曾经推动西方现代法学兴起的注释法学引入中国。孟森、张君劢、郑竸毅、汪文玑、

---

① ［德］萨维尼：《论立法与法学的当代使命》，许章润译，中国法制出版社2001年版，第7页。

秦瑞玠、谢霖、徐朝阳……这些人既是中国传统文化滋养下成长的精英，又是怀有开放心态虚心学习世界先进文化的智者，可以说，他们以自觉的时代精神和历史责任感担负起构建民族法学、追求民族复兴的使命，而又不自觉地传递着中华法系传统的理念和逻辑。细细研读他们的作品，不但是对近代民国注释法学派理论研究的梳理，更能对近代以降，现代民族国家觉醒过程中，中国法学建立的历史源流进行深入和系统的把握。

近年来，多部近代法学著作重新被整理推出，其中不乏当时大家的经典之作，然而，从注释法学的角度，系统梳理中国当代法学的理论发展史，尚无显著进展或相关成果问世。由此，余欣闻商务印书馆和广州大学法学学科的教学、科研单位，现合作计划对这批民国时期注释法学的研究成果进行勘校整理，并重新让民国法注释学的经典著作问世，我深感振奋。这套丛书比较全面地覆盖了现代法体系中各个法律部门，能够为展现中国近代法治文明转型和现代民族法学发生、发展史建立起完备的框架，无论对于法制史学，还是对于当代中国部门法的理论研究与制度探索，乃至整个当代民族法学文化的发展而言，都具有极其关键的意义。毕竟，受到法文化传统影响，中国政治对法学和法制的压抑使传统的法文明散落在经典知识体系的各个"角落"而未能独立，虽然有律学这支奇葩，但法独立性的文化基础仍然稀薄。进入近代，在西方法治文明模式的冲击下，虽然屡有"立宪救国"的政治运动以及社会思潮，然而，尝试用最"纯粹"的路径去构建民族法学和部门法制度，还当属这些学术先驱们拟采用的"罗马法复兴"之路径，即用注释法学来为中国民族法学奠基。可以说，勘校和整理这一系列丛书，是法学研究中对注释法学和历史法学的大胆结合，既是对文献研究的贡献，也是突破既定法学研究范式，打通部门法、法理学和法制史学研究的方法创新。

是以，余诚挚期盼该丛书经过勘校整理，能够为中国法制史和部门法学基础理论研究，提供一条贯通历史与现实的"生命线"，望能促进当代中国法学的理论和制度，均能一据历史法学而内蕴传统之民族精神，又外依注释法学而具精进之现实理性，故此为序。

张晋藩

2013 年 3 月 15 日于北京

凡　　例

一、"中国注释法学文库"多收录 1949 年以前法律学术体系中注释法学的重点著作，尤以部门法释义居多。

二、入选著作内容、编次一仍其旧，唯各书卷首冠以作者照片、手迹等。卷末附作者学术年表和题解文章，诚邀专家学者撰写而成，意在介绍作者学术成就、著作成书背景、学术价值及版本流变等情况。

三、入选著作率以原刊或作者修订、校阅本为底本，参校他本，正其讹误。前人引书，时有省略更改，倘不失原意，则不以原书文字改动引文；如确需校改，则出脚注说明版本依据，以"编者注"或"校者注"形式说明。

四、作者自有其文字风格，各时代均有其语言习惯，故不按现行用法、写法及表现手法改动原文；原书专名（人名、地名、术语）及译名与今不统一者，亦不作改动。如确系作者笔误、排印舛误、数据计算与外文拼写错误等，则予径改。

五、原书为直排繁体，均改作横排简体。其中原书无标点或仅有简单断句者，一律改为新式标点，专名号从略。

六、原书篇后注原则上移作脚注，双行夹注改为单行夹注。文献著录则从其原貌，稍加统一。

七、原书因年代久远而字迹模糊或纸页残缺者，据所缺字数用"口"表示；字难以确定者，则用"（下缺）"表示。

八、入选著作外国人名保持原译名,唯便今天读者,在正文后酌附新旧译名对照表。

目　　录

忆张紫葛老师（代序）……………………………高绍先 1
前　言 ……………………………………………………… 7
《尚书》简介 ……………………………………………… 9

尧　典 …………………………………………………… 1
舜　典 …………………………………………………… 9
皋陶谟 ………………………………………………… 26
大禹谟 ………………………………………………… 33
伊　训 ………………………………………………… 38
洪　范 ………………………………………………… 42
康　诰 ………………………………………………… 70
酒　诰 ………………………………………………… 83
梓　材 ………………………………………………… 90
多　士 ………………………………………………… 96
立　政 ………………………………………………… 101
君　陈 ………………………………………………… 105
吕　刑 ………………………………………………… 111
费　誓 ………………………………………………… 129

附　录
论《尚书》的法学价值 ………………………高绍先 134

就《尚书》新解问题与蔡枢衡同志商榷……………………张紫葛 167
论《洪范》的法学意义………………………………张紫葛 高绍先 173

《中国注释法学文库》编后记 …………………………………… 184

忆张紫葛老师（代序）[1]

1979年，劫后余生的张紫葛孑然一身，寄居在西师任教的弟弟的家里，等待落实政策。我时任西南政法学院语文教研室主任，想请他回语文教研室任教，便和组织部的一位干部去西师看他。一见面就令我大吃一惊，站在我面前的竟是一位头发花白的老人。这和我当年见识的张紫葛反差太大了。我认识张紫葛是在1957年，那时我是西政大三的学生，他是教师，虽然没有直接给我们上课，但从其他老师口中得知他曾做过大公报的记者，颇有文采，所以私心十分仰慕。那时的张紫葛戴一副金边眼镜，西装革履，风度翩翩，光彩照人，实无法和当前这位老人联系起来。我既感慨于岁月无情催人老，更惊心于政治运动对人心灵留下的创伤。

1957年5月29日，张紫葛为了响应鸣放，在校刊上写了一篇题为《我的看法》的文章，开头几句是这样写的："我院领导同志们都是好同志，我喜欢他们，信任他们，所以愿意向他们倾吐肺腑之言"接下来批评了有些领导同志"毫无书卷气，而又从不学习"，说党委书记"是一个好政委，而不是一个高明的知识分子的领导者"，并希望他"下决心钻研一门东西。"文中还提到对青年教师要严格要求，对党团员和非党团员应一视同仁，要改善青年教师的住房条件等。想不到就是这样一篇无足轻重、无关宏旨的文章，给他带来了十五年的

---

[1] 写在《〈尚书〉法学内容译注》再版之时

牢狱之灾。

回到西南政法学院，张老师被安排担任古文教学。那时学校也是劫后重建，百废待举，新来教师没有住房，只能住在马路边临时搭建的牛毛毡窝棚里，不过倒是一人一间，对张老师来说，这已是多年未有过的豪华享受了。他很满意，说这里是他的独立王国，可以"身处斗室之中，神游宇宙之外。"

以张老师的学识来说，教授一般文科院校的语文，当然是驾轻就熟，毫不费力的，我便安排他给教研室的老师们讲课。记得他讲过旧体诗的韵律和李白的《行路难》。我则抽空就到他的独立王国去聊天，便中向他讨教古文教学中的问题。

张老师学识渊博，尤其令人惊讶的是他超强的记忆力。张老师自无端获咎，被赶下讲坛已是二十余年，如今重拾教鞭，面对莘莘学子快何如之，恨不得罄其所学，倾囊相授。有天，年级干部向我反映说张老师两节课只讲了一个字（是"之"字还是"子"字，记不确了），许多学生听得如堕五里雾中，要我向他转达意见。我委婉地转告他，说这样讲完不成教学任务。后来我又去听他的课，有次，他给78级师资班讲《聊斋》里的《胭脂》，由于他在过去政治运动中眼睛被人打坏，视力极差，无法看教材，手上那本教材无非是摆摆样子。但他几乎一字不差地将《胭脂》背诵下来。课后我问他："你以前背过这篇小说？"他说：过去谁会去背小说呢，只是以前读过，现在要讲，又多看了几遍罢了。《胭脂》一篇3000余字，张老师时已年逾六旬，而能将其整篇背诵，在我所接触的做文字工作的人中，从未见过。

有次，在和张老师聊天中，他建议我们合作搞科研，我当然接受。谈到选题，我们的共识是：一要沾古，二要靠法。本来张老师曾专治诸子，我在60年代讲授《中国政治思想史》一课时，曾有过扬法抑儒的思想倾向，对韩非尤为偏爱，想对韩非思想作些研究，但和张老师一商量，考虑到研究韩非必须对其全部著述进行研究，不能只讨论一两个问题，工程太大，而《尚书》是集篇而成，有取舍余地，因此选定了现在这个题目，把对法家的研究放在后一步。遗憾的是，这个计划再也不能实现了。

我们这一辈学习古文大多是半路出家，不像张老师他们是幼而学，虽然我在60年代讲授过中国政治思想史，对先秦文史有过一定的研究，但毕竟功力有限，所以，和张老师合作写书的过程，也是我向他学习古文知识的过程。由于在"文革"中学校图书资料散失、毁弃严重，复办之初还来不及补充，加之《尚书》文字古奥，几乎每一字都需疏解，张老师又碍于眼疾，查阅资料十分费力，多亏张老师对许多古籍都烂熟于胸，不少地方全凭他的记忆，如对书中许多字义的解读、字音的校正，典故的出处，真是如数家珍，信手拈来。而且又包容大气，能和我平等地讨论问题，对我的一孔之见不仅十分尊重，还多加赞许。

古文今译有时比外文中译还要困难，外文中译有时靠"硬译"和"直译"还勉强对付，古文今译则非有增字不可，而增字一多，则有可能变译为解，甚至可能"借他人之酒杯，消胸中之块垒"，把自己的思想注入其中。为了尽量准确、客观地体现原著思想，我们对译文总是要斟酌再三。偶尔也有"妙语偶得之"的时候。如对《洪范》中的一句"曰：皇极之敷言，是彝是训，于帝其训"的"曰"字，就是一个说字，很难讲出什么深意。本来经文通篇都是"箕子乃言曰"的内容，为什么这里又突然来个曰字呢？根据《孔传》"曰者，大其义"的解释，我们将此处的"曰"，译成了"必须强调指出"，觉得很满意，不觉相视而笑。

书稿完成后，我曾带到北京请张晋藩老师指教。晋藩老师对本书的译注给予充分肯定，后来又告诉我，有的老师在讲课中已引用了本书的观点。

我和张紫葛老师都不善于宣传,出版之后,便不太过问。自然,亦有敝帚自珍的偏爱,也许受到"桃李不言,下自成蹊"的影响,认为"酒好不怕巷子深",总会有知音者来问津的。1992 年,经院科研处推荐,获重庆市社科优秀成果三等奖。我在给西政刑法专业的硕士、博士生讲授《中国刑法史》时介绍过本书中的一些观点,引起他们的兴趣。外地同行老师也曾登门要求复印全书。

最后,关于本书,还想赘言几句:

一、《尚书》自来聚讼纷纭,考证、注解之作已是汗牛充栋,本书不在考证而在疏解,目的是通过译注把中国历史上这部最古、最难的典籍介绍给学界和读者,尤其是青年读者,在注解中不求全而求准,故而主要选择了汉唐宋清几部有代表性的著述。译文则力求浅显,借用了许多现代语言,这不是将古籍现代化,而是想使读者通过他们熟悉的语言去了解他们不熟悉的文化。

二、《尚书》是五经中政治、法律色彩最为浓厚的一部,本书选用了法律内容相对集中的几篇,希望能尽力挖掘《尚书》的法学价值。中国古代法律中,刑法是大头和重点,但我们并不局限于刑法,而是凡涉及国家管理规范的法律都给以研究,如有关军事法规的《费誓》,有关行政管理方面的《酒诰》,有关人事任免的《尧典》、《舜典》,有关移民方面的《多士》以及关于国家根本大法的《洪范》等,这就扩展了对古代法律的研究领域。

三、《尚书》研究的成果已经十分丰富,但有重大突破的创新成果并不很多,本书力求在前人研究成果的基础上有所突破和创新。

《洪范》是《尚书》中极为重要的一篇,最具有法典特色,有序言、有总纲、有分则,结构严谨,体系分明,用语简洁,条文性强,但前人研究重在政治思想与哲学思想,对法律内容发掘不够。

我们根据前人著述和自己的研究，认为《洪范》的九章，全面规范了奴隶制国家治国的指导思想、社会制度、朝廷政务、刑事政策和官吏职责，但却不像其他篇章有对具体犯罪或刑事诉讼的规定，堪称是一部带有宪法性质的国家根本大法。如对第六章三德：平康正直，强弗友刚克，燮友柔克，前人多将其解为是言人之品德，近人也多持这种观点，如将平康正直译为"要想使人安静，就必须使人正直"（《尚书·礼记》万卷出版公司，2008年5月）我们依据《洪范》整篇内容安排，认为三德讲的是宽严相济三种刑事政策，因为《洪范》第二章已专就五项道德标准作了规定，即貌、言、视、听、思。

《吕刑》是《尚书》中言刑的专章，内容十分丰富，既有定罪量刑的条文，又有审判程序的规定，可以说，是我国历史上第一部实体法与程序法合编的刑法典，对汉唐以降的历代刑事立法影响极大。《吕刑》开篇有句云"王享国百年，耄，荒度作刑"，有些学者根据孟子讲的"从兽无厌谓之荒"，解为穆王年轻时"车辙马迹遍于天下"，游猎无度，到年迈恍惚时，才制定了《吕刑》，这显然不合逻辑。试想如果穆王已经老朽昏庸，神智恍惚，还制定什么法呢？我们将"荒"解为"大"，即宽大之意，说明《吕刑》的立法思想是反对有苗的严刑苛法而主张平允、缓和的。这和《吕刑》通篇贯彻一个"中"字，称《吕刑》为"祥刑"，设立赎刑制度，把"罪疑惟轻"制度化，强调刑的目的不在树威而在"造福"（非迄于威，惟迄于富）等一系列规定是相符的。

这次蒙商务印书馆惠眼，使得这本沉寂多年的小书得以重刊。遗憾的是张老师已驾鹤归去，无缘看到了。

张紫葛老师年轻时风流倜傥，才华过人，文思敏捷，但一生命途多舛，常不见谅于人，又不见容于时。在这一点上，我和张老师有同病相怜之感，我也曾受过不少磨难，但比起张老师来算是幸运多了，也许有这一点相同的感受吧，我对张老师能有更多的理解，我在作西南政法学院院长时，也有人不时向我反映张老师的问题，其中甚至还有和他有过相似命运的老师，由于我对一些史实不了解，不便表态，但对"文人相轻"的陋习感到无奈。我只是对有些老师说过："同是天涯沦落人，相逢何必相煎急。"

借再版机会，写这篇短文，表达对张老师的怀念，也算是再版的序言吧。另外我补充了几篇后来研究《尚书》的文章，一并向读者请教。

高　绍　先

2012 年 10 月 30 日于西政淡泊居

前 言

一、《尚书》是关于周朝及上古时期的历史文献的汇编,其中有丰富的法学内容,是研究中国法制史,特别是先秦法制史必不可少的古籍。但是《尚书》文字简古,历代注疏繁杂,现在的青年同志阅读起来,不无困难。为了帮助研习中国法制史的青年同志排除文字障碍,并使他们免除沙里淘金之劳,以节约精力时间,收事半功倍之效,我们特从《尚书》中选出《尧典》、《舜典》、《大禹谟》、《皋陶谟》、《伊训》、《洪范》、《康诰》、《酒诰》、《梓材》、《多士》、《立政》、《君陈》、《吕刑》、《费誓》等14篇法学内容比较集中的文章加以译注。其中有的是节选,有的是全篇。为了保持章节段落的有机联系和相对完整,对散见于其他篇章的零星的法学内容,只好割爱。

二、对于今译,我们力求达到党和国家关于整理古籍的要求:使能够阅读报纸的人都可以看懂。由于古文言简意赅,无法句句直译,用现代语言表述,常须"增字解经"。杨伯峻先生在译《孟子》等书时,采取把所增之字放入括号的办法,以示区别。这种办法能使读者更确切地理解原文,有它的优点,但有时因括号过多,也容易增加阅读时的负担。我们没有这样办,而是把所增之字一并纳入,组成通顺的语句。当然,今译不是解释,不能任意扩展,非增字不可时才适当增字。这种译法效果如何,尚待读者指正。

三、关于注释,困难更大,一则《尚书》文字艰深,如求详备,几乎字字需注,这样势必篇幅浩繁;再则前人注疏,各有异同,取舍

从违,很难自是。我们处理的原则是:

1. 繁简力求得当。重点的解释不吝词句,非重点的地方以简驭繁。凡重出的字、句一般不再注释。

2. 对于前人解释参差的地方,一般不作介绍,而是径直按照我们自己的理解加以解释,仅对个别聚讼纷纭的问题稍事征引,平章正误。

3. 鉴于我们的目的在于"疏通",而不在于考证,所以注释时一般不涉及考订校勘。

4. 注释引证,主要在汉、唐、宋、清各取一家。汉取孔安国传,唐取孔颖达疏,宋取蔡沈传,清取王巨源的《书经精华》。孔传虽称"伪书",但即使全是梅赜假托,也是晋人作品,历代典籍,如《史记》裴骃集解以及新近出版的《辞源》、《辞海》,均作为正宗征引,孔颖达的《正义》流传已久,而在十三经注疏之列,蔡沈的集传综合了宋儒的见解,故以上三家,似可作为汉、唐、宋学者研究《尚书》的代表,至于清人著述,仅取其独到可信之处,所以引证较少。

四、每篇文选今译、注释后,我们都写有一个简要的《书后》,或对全篇内容加以概括,或对其思想内容试作评论,拟备读者理解《尚书》法学内容时的参考。一孔之见,不无错谬,诚恳希望得到同志们的匡正。

五、《尚书》历来有今、古文之别。自清阎若璩以来,古文已被确认为伪书,学者皆称今文。我们基本上采用今文,但也依古文体例选取了《舜典》、《大禹谟》等少数篇章。我们想,孔颖达的《五经正义·尚书》本之古文,孙星衍的《尚书今古文注疏》今古文并释,酌情兼备,应该是可以的。

为了帮助青年同志了解《尚书》的有关知识,附《尚书简介》于篇首,但愿不是画蛇添足。

《尚书》简介

一

《尚书》本称《书》，与《诗》、《易》、《礼》、《春秋》，被儒家称为"五经"。"书"是古代对史官记载文献的专称。由于《尚书》所记的内容是最早的，因而也是最珍贵的，故称《尚书》；又因它是五经之一，所以也称《书经》。

《尚书》是周朝及其前代史官所保存的文献汇编，编纂于何年何月，为何人所纂，均难确考。汉儒大都认为是孔子所编，而宋以来又有人怀疑此说。但考之古籍，《春秋》三传即已广称"书曰"，足证《尚书》在春秋时代已经成书，且具有相当权威，以至诸侯会谈，国君论理，常称"诗云"、"书曰"来作为自己的立论根据。由此可以断定《尚书》的编纂成书应不迟于春秋时代。

秦始皇焚书坑儒，禁止儒家经典的流传。西汉建国后，一些幸存的宿儒出来传授五经，并用当时的"现代文"——今文译述成书，即所谓"今文本"。其后，又出现了五经的原本，所谓孔子壁藏书。据说是汉朝的鲁恭王拆掉孔子的旧宅来扩大王府，从孔宅的老墙里发现了藏之已久的古文经籍，人们便把它叫做"古文本"。以后治经学者长期存在着今、古文之争，各宗所善，分别以今文、古文名家。

《尚书》的今文本计29篇（实际只28篇），是济南人伏生所授。

据《史记·儒林传》载,伏生原是秦始皇时的博士,焚书坑儒时,他将《尚书》藏在墙壁里,逃亡四海。西汉建国后,他寻出藏书,但已损失大半,只剩下这29篇了。他便以这29篇作为教本,在"齐鲁之间"传授《尚书》。汉文帝听说他专治《尚书》,想召他进京传授。因他那时年已90,不能长途旅行,文帝便派太常掌故晁错到济南去当面求教。于是由伏生口授,晁错记为当时的口语——今文,奏之朝廷,这便是最初的今文《尚书》。西汉时,朝廷学官立14博士,其中书经的博士分欧阳高、大夏——夏侯胜、小夏——夏侯建三家,都是伏生之徒,传的都是伏生的今文《尚书》。

关于古文《尚书》,《史记》等书历有记载。《史记·儒林传》说:"孔氏有古文《尚书》,而安国以今文读之,因以起其家。"刘歆在《移书让太常博士》一文中说:"鲁恭王坏孔子宅,欲以为宫,而得古文于坏壁之中。逸《礼》有三十九篇,《尚书》十六篇。天汉之后,孔安国献之,遭巫蛊仓卒之难,未及施行。"班固的《汉书·艺文志》、王充的《论衡》以及晋朝出现的《书序》都是这般说法。在《史记》的《周本纪》、《鲁周公世家》、《卫康叔世家》等篇里,提到了《尚书》的许多篇名,有的篇名为今文本所无。司马迁所据似是孔安国的古文《尚书》,但《史记》并没有叙述这部《尚书》的内容概貌。

在西汉,今文《尚书》立于学官,是官方学术,占统治地位。古文《尚书》不仅不能立于学官,而且不得公开传授,但这个在野的"私学"却流传很广。到了王莽时代,由于刘歆的极力争取,才能立于学官,然而为时不久,东汉光武时又废除了。东汉章帝时虽准公开讲授,却依然是私学。其后,孔安国的这部古文《尚书》便失传了,直到东晋又才出现。据陆德明《经典释文叙录》及《隋书·经籍志》载,豫章内史梅赜向朝廷献出了孔安国的古文《尚书》,计46卷,58篇。其中包括了伏生今文的28篇(但被分成了33篇)和另外初次问世的25篇。当时,人们都对梅本《尚书》,也就是所谓孔安国的古文《尚书》深信不疑。唐初,太宗命孔颖达修五经正义,孔氏于《尚书》独取梅献古文本。于是"孔安国传"的古文《尚书》就成了《尚书》的定本。至今流传的《十三经注疏》中,《尚书》一书即是这个古文本。

但是,梅本比伏生今文本多出来的25篇,经后来历代学者的考证认为是梅赜伪造的,因而全部梅本也被定为"伪书"了。其中唐之李汉,宋之吴棫、朱熹,明之梅鷟,清之阎若璩等都进行过程度不同的考证工作。特别是清初的阎若璩,他所著的《尚书古文考证》一书,考证精确,论证扎实。例如对于文义一项,即从古籍体例、史实、史例、典章制度、古代地理、历法、训诂、义理等8个方面,列举对比,条分缕析,证明梅本都不合于《尚书》时代的实际,从而有力地证明了梅本的"孔安国传"《尚书》是"伪书"。

然而,梅本古文并未因此就消逝。一则经学界还有人不同意阎若璩等人的意见,认为梅本确是孔安国所传的孔壁藏书,如毛奇龄就著了《古文尚书冤词》一书,专为梅本古文平反;再则,更重要的是,这个梅本古书,自孔颖达正义以来,借政权的力量推行了一千多年,它本身的学术价值,也是不容抹杀的。所以它继续流传,人们继续诵读、引用,只是有的人在提及此书时,冠以一个"伪"字,作"伪孔安国"或"伪孔传"而已。

此外,汉代还相继出现过另外几部古文《尚书》:

1.《汉书·景十三王传》载:河间献王刘德悬重赏征集古书,得到不少的"古文先秦旧书",其中就有一部古文《尚书》。清人王国维估计它可能是孔壁古文的转写本(见王国维《观堂林集·汉时古文诸经有转写本说》)。

2.《汉书·儒林传》载:东莱张霸向成帝献百零二篇之《古文尚

书》。朝廷发令校勘，发现是伪书。"霸罪当死"，但成帝"高其才而不诛，亦惜其文而不灭"，所以这百零二篇的《古文尚书》也曾流行。

3. 《后汉书·杜林传》载，杜林于西州得漆书古文《尚书》。这部书还得到东汉著名经学家贾逵作"训"，马融作"传"，郑玄作"注释"，因而声誉很高。清人王鸣盛、程廷祚认为，这才是真正的孔安国传的孔壁藏书。

4. 《后汉书·刘陶传》载，刘陶曾经"推三家《尚书》及古文，是正文字三百余事，名曰《中文尚书》"。三家《尚书》，就是欧阳高、大夏——夏侯胜、小夏——夏侯建三家所传的《尚书》，即伏生今文，古文即孔壁书，而《中文尚书》可能就是今古文的参订本。

以上这些伪古文《尚书》都曾流行一时，但到魏晋时便都佚失了。

二

《尚书》的今文、古文究竟有什么区别呢？

1. 从文字来说，所谓今文，就是由伏生口授，受业者用当时的"现代语"笔录下来的。所谓古文，则是出自壁中藏书，原是蝌蚪古文，"安国以今文读之"。"以今文读之"者，就是把它翻译成今文。可见，古文《尚书》问世之时，文字仍是今文，与伏生今文的区别无非是一为翻译稿，一为笔录稿而已。

2. 从内容来说，今文的所有篇章古文都有，而且文、情相同，但古文比今文多出 25 篇，并把原今文的 28 篇分成了 33 篇，如《尧典》在今文中是一篇，而古文则将其中分为二，前半部一仍今文之旧，名曰《尧典》，后半部开头仿《尧典》体例，加上了"虞舜侧微，尧闻之聪明，将使嗣位，历试诸难，作《舜典》"一段话（或称小序），另标为《舜典》。因此，古文的内容比今文多，篇名也有所不同。

3. 重要的不同在解经方面。清代学者皮锡瑞在其所著《经学历史》中说今、古文尚书"非惟文字不同，而说解尤异"。今文解经首重"微言大义"，不论什么问题，总要牵强附会地用天命、神意，乃至图谶之说去解释。古文学派则大不一样，虽然也难免仍有天命、神意的东西，但他们的注意力首先集中在训诂上，注重从经文的本义去探索经文。因而一定程度上表现出唯物主义的倾向。诚如范文澜同志在他的《经学史讲演录》中所说："古文经是不语怪力乱神的，今文经不同，它专投皇帝之所好。"这种不同和西汉时今文立于学官，为皇家之学，而古文只是"在野巨儒"的私学不无关系。

综上所述，《尚书》今古文之争虽然延续了很久，但实际上真正互争消长只是两汉间的事。后来，汉时的古文既已佚亡，而梅赜所献的"伪书"又包括了今文本的全部内容，情况就完全不同了。唐初孔颖达奉旨修订五经，于他经均取今文，独于《尚书》取梅本，因而梅本古文列入《五经正义》，成为御本官书，一如西汉时期的今文《尚书》，凭国家政权的力量推行于当时，流传于后世。尽管宋、明、清以来，从朱熹到阎若璩，力攻古文之伪，却既不能抹杀它的学术价值，更不能禁止它的流传，许多学者仍然不断对它进行研究、探讨。例如明末清初的大学者王夫之在著《尚书引义》时，选用的就是古文《尚书》。

三

了解《尚书》的今古文之争的沿革，对我们研究古代学派的异同，鉴别史料的真伪有重要的意义，但我们今天整理古籍的目的却不只限于这一点。我们不能因梅本是伪书，或者其中有伪篇，就将它排斥于古籍整理的范围之外，更不应因为《尚书》有今古文之争，就认为整个《尚书》全不可取。整理古籍是为了继承祖国优秀的文化遗产，即使古之伪书，只要它姓"古"，也应当按照"取其精华，去其糟粕"的精神，加以整理，使之起到古为今用的作用。据此，我们认为有必要再赘言几句：

1. 历史上确有秦始皇焚书坑儒，五经绝迹，至西汉才口授书传，逐渐出现的事实。加以两千多年来沧桑动乱，辗转传抄，谁都不能保证毫无讹误错简之处，也难免有后人伪托之作，因此不论五经或诸子百家之书均不能断定它确与原本绝对一致，毫无舛谬。例如庄子的《外篇》、《杂篇》，经后人考证，并非庄子所著，而是其门徒伪托，但谁也不否认《外篇》、《杂篇》仍是研究庄子思想的重要材料。同样，梅本古文即令全系伪造，毕竟也是晋人的仿古之作，至少反映了1500年前的人们对《尚书》的观点，所以仍有相当的参考意义。

2. 今文《尚书》的真实性，历代学者多无异议，因此，梅本古文中与今文《尚书》相同的那一部分内容是不能否定的。《春秋》三传的引证和记载就有力地证明了这一点。比如《尧典》自来就列为"虞书"，标明是有虞之世追记之文，其中关于羲和、仲、叔等对四时中星点分的记录，经天文学家（如法国的毕奥）仔细推算的结果，正好符合公元前2357年二分二至（春分、秋分、夏至、冬至）的天文数据，而公元前的2357年正属于我国史书所记尧的年代。这说明《尧典》不失为比较真实的历史文献。当前在史学界有同志主张中国奴隶社会的起算时间应当提前，这种说法当然需要大量的史料才能成立，因此，研究《尚书》，特别是探讨其中的法律问题，对探讨中国奴隶制的产生、演变有着重要的意义。

3. 总之，《尚书》是我国最早的一部历史文献。它所涉及的内容包括政治、经济、哲学、法律、教育、民族等各个方面，尤其值得注意的是，在我国漫长的封建社会里，儒家思想一直占居统治地位。五经是儒家的经典，历代的帝王公卿、百官小吏以至穷庐陋巷的书生都把五经作为必读的教科书，奉为整个社会意识形态的最高准则。五经之中，《尚书》不仅具有与其他古籍迥然不同的文字特色，而且它的政治色彩最浓厚，从来都是作为至盛之世的先王遗训而载之典籍的，对我国封建社会的各个方面都有着深刻的影响。正因为如此，前人研治《尚书》，总难免带着一些固定的框框，这就是儒家的正统思想和各自的师承。今天我们研究《尚书》就不能满足于只读第二手材料，而必须从《尚书》的原文中去发掘它的思想，理解它的本意。正是从这点出发，我们才对《尚书》的法学内容作了一点译注的整理工作。

尧　典

原　文

（上略）

帝曰："畴，咨，若时登庸？"①

放齐曰："胤子朱，启明。"②

帝曰："吁，嚚讼，可乎？"③

帝曰："畴，咨，若予采？"④

欢兜曰："都！共工方鸠僝功。"⑤

帝曰："吁！静言庸违，象恭滔天。"⑥

帝曰："咨，四岳！汤汤洪水方割，荡荡怀山襄陵。浩浩滔天，下民其咨。有能俾乂？"⑦

佥曰："於！鲧哉！"⑧

帝曰："吁！咈哉！方命圮族。"⑨

岳曰："异哉！试可乃已。"⑩

帝曰："往，钦哉！"⑪

九载，绩用弗成。⑫

帝曰："咨，四岳，朕在位七十载，汝能庸命巽朕位？"⑬

岳曰："否德忝帝位。"⑭

曰："明明，扬侧陋。"⑮

师锡帝曰："有鳏在下，曰虞舜。"⑯

帝曰："俞！予闻。如何？"⑰

岳曰："瞽子。父顽，母嚚，象傲。克谐。以孝。烝烝乂，不格奸。"⑱

帝曰："我其试哉！"

女于时，观厥刑于二女。⑲厘降二女于妫汭，嫔于虞。⑳

帝曰："钦哉！"㉑

注　释

①畴，咨，若时登庸——畴：谁；咨：此地作"考察"、"访问"解，宋蔡沈集传（以下简称《蔡传》）释："咨，访问也"；若：顺应；时：时事、形势；登：得，何休《公羊传》注说，"登来"即"得来"；庸：用，故"登庸"可释为"提拔任用"。对这段话的文意，前人解释颇有参差。孔颖达《尚书正义》（以下简称《正义》）释"咨"为叹词。他说："咨，嗟，嗟人之难得也，"并断定尧此处是求贤才继羲和任掌管天文之官。他说："马融以羲和为卿官。尧之末年，皆以（已）老死，庶绩多阙，故求贤顺四时之职，欲用以代羲和"。伪《孔安国传》（以下简称《孔传》）则说："谁能咸熙庶绩顺是事者，将登用之"，未具体指明代谁之职。"咸熙庶绩"指胜任各种政务。结合下文，此说较当，译文从之。

②放齐曰："胤子朱，启明"——放齐：尧之朝臣；胤：后代；朱：尧之子丹朱；启：启迪、开豁；明：通晓事理。

③嚚讼，可乎——嚚（yín）：本义为愚蠢、顽固，《左传·僖公六年》："口不道忠信之言为嚚"，译文本此；讼：争，引申为"逞强好辩"。

④若予采——予：我；采：办事。

⑤欢兜曰："都！共工方鸠僝功"——欢兜：尧之大臣，相传与共工狼狈为奸，为尧时的"四凶"之一；都：叹词，表赞美之意；方鸠僝功：《蔡传》："方，且也；鸠，聚也；僝，见也。言方且鸠聚而见其功也。"按：鸠应为纠聚人众，而非聚集功劳，故可译为"有号召力"；僝（zhàn）功，即显功，成绩卓著，这是欢兜对共工的吹嘘之词。

⑥**静言庸违**——《孔传》："静则能言,动则违言",指平时夸夸其谈,做起事来却言行不一。**象恭滔天**——象恭:貌似恭顺;滔天:考"滔"为"慆"的同意假借,轻视、侮慢也。天,此处指天子,"滔天",即对天子心存侮慢,阳奉阴违。

⑦**咨,四岳,汤汤洪水方割**——咨,此处作叹词;四岳:前人说法不一。《孔传》以为是羲和的四个儿子羲仲、羲叔等,《蔡传》认为是一个人,"官名,一人而总四岳诸侯之事也。"两说似皆不确。按:"岳",有一方之尊(长)的意思,尧时诸侯号称万国,按东、南、西、北分四个大区,设四个大臣协助天子分掌四方,简称"四岳";汤汤(读如 shāng):水域宽广、茫茫无边之貌;方:(读如 páng)普遍,到处;割:危害,《正义》:"刀害为割,故割为害也。"**荡荡怀山襄陵**——荡荡:大水澎湃、咆哮汹涌之状,《孔传》:"言(水)之奔突有所涤除";怀:包;襄:淹没,《蔡传》说:"怀,包其四面;襄,驾出其上。"**下民其咨,有能俾乂**——咨:叹词,引申为愁苦、抱怨;俾:使,指派;乂(yì):治理,此处指治理洪水。

⑧**佥曰:"於,鲧哉"**——佥:都,表数之全,《蔡传》:"众共之辞";于(读如 wū)叹词,表赞美之意;鲧:尧的大臣,《正义》引《周语》说:"有崇伯鲧,即鲧是崇君,伯爵",一般认为鲧是禹的父亲。

⑨**咈哉!方命圮族**——咈(fú):乖戾,违逆,《蔡传》说是"甚不然之辞";方命:违反命令,郑玄释"方",为"放",说"方命""谓放弃教命";圮(pǐ):毁坏;族:《正义》释为"善类",即无辜的人们,《蔡传》解为"人"与"物",说"圮败族类也。鲧之为人,悻戾自用,不从上令,与众不和,伤人害物,其不可用者以此也。"

⑩**异哉!试可乃已**——前人解说不尽一致。《孔传》说:"异,已也,退也,言余人尽已,惟鲧可试,无成乃退",《蔡传》说:"'试可乃已'者,姑试用之,取其可以治水而已,无预他事,不必求其备也,"似以后说较确。且异哉二字,含有明显的惊讶之意,表示尧所了解的鲧与臣下知道的情况不同。

⑪**往,钦哉**——往:去;钦:敬,恭谨,是帝尧接受四岳的意见,命鲧治水而加以勉励之词。

⑫**九载,绩用弗成**——载:年。称年之词,古时习用不同,夏代称"岁",殷代称"祀",周代称"年",唐虞称"载";绩:成绩,指治水的成效;用:《尚书》中常作虚词,含有"却"、"就"、"便"等意,此处相当于现代汉语的"却"。

⑬**朕在位七十载**——朕:本意为"预兆"、"缝隙",古人自称之词,等于

"我",自秦始皇起,"朕",定为皇帝自称的专词,臣民不得使用;**汝能庸命巽朕位**——巽:逊的通假字,即禅让之意。

⑭**否德忝帝位**——否(pǐ):恶,鄙,《史记·五帝本纪》中"否德"即作"鄙德",表德行很差;忝:辱,有愧于……。

⑮**明明**——前一明字作动词,有举荐、推崇之意,后一明字为形容词,即"显明的"、"知命的",指诸侯、贵族。明明,指从声名显赫的诸侯、贵族中察举贤能之士。**扬侧陋**——扬:推举,揄扬;侧:"仄"的古体字,《说文解字》:"仄,侧倾也,从人在厂下";陋:《尔雅·释言》:"隐也",意为隐居于陋室之人。扬侧陋:即从民间寻贤访能而举荐提拔之。

⑯**师锡帝曰**——师:郑玄释为"诸侯之师",似不可从。《孔传》、《正义》均释为"众",等于现代汉语的"大家";锡:给,即以回答。古代锡字不专作"赐"讲,下对上也可用"锡"。**有鳏在下**——鳏:过了结婚年龄还未结婚的男子。**曰虞舜**——通常认为姓虞名舜,但晋王肃认为"虞,地名",则"虞舜"为"居住在虞地的舜"。

⑰**俞**——叹词,相当于现代口语中的"唔"、"啊"等词,《蔡传》注为"应许之词"。

⑱**瞽子。父顽,母嚚,象傲**——瞽:盲人,亦指乐师,相传舜父叫做瞽瞍;顽:《蔡传》:"心不则德义之经";象:舜的异母弟。**克谐。以孝。蒸蒸乂,不格奸**——此段文字前人句读颇有分歧。有人将"克谐为孝"断为一句,"言能以至孝和谐顽、嚚、昏(昏)傲"(《孔传》)。也有人断为"克谐,以孝蒸蒸,乂不格奸",将"蒸蒸"解释为"孝德美厚之意"(如清儒王引之)。但揆之情理,以"至孝"谐和父亲、继母则可,对于异母兄弟也言"孝德"似不合适,故宜将"以孝"另作一句,解为"以孝闻名";蒸蒸:《尔雅·释训》:"作也。"郭璞注:"物兴作之谓然",表事物欣欣向荣的状况;不格奸:《蔡传》:"不至大为奸恶",格,此处作"涉及"、"陷于"解。

⑲**女于时**——女:作动词,"嫁女";时:即"是",指示代词,指"舜"。**观厥刑于二女**——观:考察;刑:前人多将刑解释为"法度",如《孔传》:"刑,法也",《正义》:"观其施法度于二女……将使治国,故先使治家",王巨源的《书经精华》也说:"以二女妻舜,观所以示仪法于二女者何如",但从原文看,尧对舜要作全面的了解,似不仅限于治家的"法度",且"刑"古与"行"通,即行为、言行。全句的意思应是通过两个女儿全面了解舜的德才言行;二女:指尧的两个女儿娥皇、女英。

⑳**厘降二女于妫汭**——厘:命令;降:下降,此处作"下嫁"解;妫(guī)

汭（ruì）：前人多认为是一条河，汉马融、皇甫谧即主此说，王夫之、胡渭则认为根本不是河流。考《水经注》记载："河东郡南有历山，舜所耕处也，有舜井，妫、汭二水出焉。南曰妫水，北曰汭水，西经历山下"，则妫、汭是两条河。今河南永济县南有妫水，源出历山。《尔雅·释水》："水北曰汭，亦小水入大水之名。"综合述上，似可断定当时舜住在距历山不远的妫、汭两河会合的地方。

㉑**钦哉**——尧对舜的勉励之词，但也有人认为是尧对将出阁的女儿的告诫。如《书经精华》说："谓往之女（汝）家，必敬必戒者。"此说似不可从，因为"钦哉！"是严肃堂皇的助勉之词，不合于父亲叮咛女儿的口吻。

今　译

尧说："你们看谁能顺天应人，通晓政务，可以重用呢？"

放齐回答道："您的儿子丹朱就很聪明能干。"

尧说："嘿！象他那样既欠忠厚老实，又逞强好辩的人，值得重用吗？"

尧问："挑选谁来协助我，按照我的主张办事呢？"

欢兜回答道："啊，共工吧，他很有号召力，办事也已卓有成效。"

尧说："哼！这个人平时夸夸其谈，做事言行不符，貌似恭顺，心存傲慢，对我阳奉阴违。"

尧说："喂！主管四方诸侯的大臣们：现在，奔腾咆哮的洪水正危害着整个国家。浩浩荡荡的大水，围裹着山峦，到处是一片汪洋，

波浪滔天，百姓愁苦不堪。谁能治理好洪水，让百姓安居乐业呢？"

大臣们回答说："啊，派鲧去吧！"

尧说："唉！算了吧。这个人一向违法乱纪，又不顾恤人民。"

大臣们说："我们知道的情况和你说的可不大一样。试一试吧，只要他能治好洪水就行。"

尧便对鲧说："好吧，鲧啊！你就去治水吧，可要兢兢业业地干啊！"

鲧治水9年，毫无成效。

尧说："主管四方诸侯事务的大臣们，我在位已经70年了，你们之中有谁能顺应天命，接受我的禅让呢？"

大臣们都回答说："我们的德才鄙陋，不配继任天子。"

尧说："那么你们就推荐一个吧，不论是声名显赫的诸侯、大臣，还是出身微贱的贫民百姓都行。"

大臣们异口同声地说："民间有位贤才，姓虞名舜，至今还是一个单身汉。"

尧说："嗯，我也听说过，他到底怎样？"

大臣们回答说："他是个盲人乐师的儿子。父亲生性顽钝，继母不通情理，异母弟弟叫象，又蛮横嚣张，但虞舜能和他们相处得很好。他以孝闻名，能使父母、兄弟不干坏事，整个家庭和睦兴旺。"

尧说："那我考验考验他吧！"

尧决定把自己的两个女儿许配给舜，以便通过她们对舜的品德才华进行考察。于是，尧下令在妫水、汭水的会合处为舜举行了婚礼。他对舜说："你可要兢兢业业地工作啊！"

书　后

尧舜时代在中国人民的心目中是上古盛世。这一时代的政治法律的特点，我们可以从《尚书》的《尧典》、《舜典》等篇中窥其大概。

本篇节选的是尧时关于官吏任免和王位继承情况的记载。从中国古代传统的观点来说，这些并不属于法的范畴，从现代法学的角度讲，这些问题则应当包括在行政法规或宪法的内容里，所以仍将它选为首篇。当然，那时并无成文的王位继承法，这些制度无非沿用习惯，而且也极简单。不过，有几点也颇值得注意：

一、尧时官吏的任用采取举荐办法，王位继承实行禅让制度。具体的步骤是天子召集群臣，公布任用官吏和选择接班人的条件，公开征求意见，由大家提名推荐，经天子认可即算决定（官吏由天子口头任命，禅让须经隆重的交接仪式）。举荐的对象不受社会地位和财产的限制，上自公卿大臣，下至山野草民，都在举荐之列。

二、在人才的选拔上坚持标准，不以亲间疏，不以贵妨贱。如尧开始征求贤才时，放齐提出了德才俱劣的太子丹朱，这可以作两种理解：一是放齐以为尧属意丹朱，于是逢迎王意，让尧假举荐之名，行御定之实；二是放齐有意试一试尧，看他能不能坚持原则，但不管如何，尧却秉公办事，立即否定了他那位不肖之子。在选择治水大臣时，群臣对鲧的介绍和尧所掌握的材料出入极大，尧并不坚持自己的意见，而当尧表示自己行将引退，求贤让位时，大臣们也能诚心谦让，不以私废公，一致推举屈身民间的舜。

三、王位继承者的人选初步确定之后，要通过一定时间的试用和考验，证明其德才足以胜任时，才正式禅让。（对此，《舜典》中还有详细的记载）

四、官吏任命的举荐制度对后世影响很大，如在春秋战国时期，除世卿世禄制度外，举荐的办法仍被普遍采用。汉代的贤良方正，魏晋时的九品中正，也都保留着举荐的特点，不过手续要复杂多了，到了隋以后，才改举荐为科举。至于禅让制度，则至夏即废。由禅让演变为世袭，是历史的必然发展。这说明尧时皇权还不太重，围绕帝位的争夺也不激烈，不至酿成后世亡帝尸骨未寒，皇子便自相残杀，甚至为了争夺王位，儿子杀老子的丑剧。因此，可以说禅让是我国最古老的一种含有民主色彩的政治制度。

舜　典

原文（一）

（上略）

慎徽五典，五典克从。纳于百揆，百揆时叙。宾于四门，四门穆穆。纳于大麓，烈风雷雨弗迷。①

帝曰："格，汝舜，询事考言，乃言底可绩。三载，汝陟帝位。"②

舜让于德，弗嗣。

正月上日，受终于文祖。③在璿玑玉衡，以齐七政。④肆，类于上帝，禋于六宗，望于山川，遍于群神。⑤

辑五瑞。既月，乃日，觐四岳群牧，班瑞于群后。⑥

岁二月，东巡守，至于岱宗。柴，望秩于山川。肆觐东后。⑦

协时月，正日。⑧同律、度、量、衡，⑨修五礼，五玉、三帛、二生、一死贽。如五器，⑩卒乃复。

五月，南巡守，至于南岳。如岱礼。八月，西巡守，至于西岳。如初。十有一月，朔巡守，至于北岳。如西礼。归，格于艺祖，用特。⑪

五载一巡守，群后四朝。敷奏以言，明试以功，车服以庸。⑫

注释（一）

①**慎徽五典，五典克从**——慎：诚、敬，郑重认真的意思；徽：美，使完善；五典：即五常，指父义、母慈、子孝、兄友、弟恭；**五典克从**：使人们自觉遵守五常。**纳于百揆，百揆时叙**——纳：置、放，这里作任命、提拔解；揆：掌管，管理；百揆：《蔡传》："百揆，揆度庶政之官，犹周之冢宰"。后世也称宰相的职位为揆，《晋书·礼志上》："桓温居揆，政由己出；"时：按时、及时；叙：序，秩序井然。**宾于四门，四门穆穆**——宾：礼宾，此处作动词，指接待宾客；四门：明堂四门，据说尧时诸侯以时入朝，天子设明堂四门，分别接待四方入朝的诸侯；穆穆：和睦融洽之貌。**纳于大麓，烈风雷雨弗迷**——大麓：前人解释不一。《孔传》说："麓，录也。纳舜使大录万机之政。阴阳和风雨时，各以其节，不有迷错愆伏。"此说不可从，因为"万机"与"百揆"同义，前既已"纳于百揆"，又何得再"大录万机"？马融等人释麓为"山足也"，简明可信。《史记·五帝本纪》说："尧使舜入山林川泽，暴风雷雨，舜行不迷"，可资佐证。盖当时洪水为害，尧命舜考察地理，了解灾情，亦可信也。

②**格，汝舜**——格：来；汝舜：古时将人称代词与姓名连用表示亲昵。**询事考言，乃言底可绩**——询：本意为询问、请教，引申为查考；事：所办之事，指行动；乃：你；底（读如 zhǐ）《孔传》说："底，致。""言底可绩"，意谓舜取得的成绩足以证明其言行一致。**陟**——登上。

③**正月**——即元月。**上日**——马融说："上日即朔日"，《正义》："每月皆有朔日。此是正月之朔，故云上日，言一岁日之上也，"故正月上日就是正月初一。**受终于文祖**——受终：省文，在舜是承受，在尧是终止，指二人对帝位的交接；文祖：《蔡传》："文祖者，言始祖之庙也。"

④**在璿玑玉衡，以齐七政**——在：考察；璿（xuán）：同璇，美玉。对璿玑玉衡，有两种解释：一说是星名，《汉书·律历志》："衡，平也，其在天也，佐助璿玑，斟酌建指，以齐七政。"刘昭注《续汉书·天文志》引《星经》说："璿玑，谓北极星也；玉衡，谓斗九星也。"二说是天文仪器，如马融说："璿，美玉也；玑，浑天仪，可转旋，故曰玑衡。其中横简，所以窥星宿也"。考浑天仪为汉张衡所造，距虞舜两三千年之久，故以前说为宜；齐：使之齐，转义为"校正"之意；七政：其说亦有二：一说指日、月、金、木、水、火、土；二说指春、夏、秋、冬、天、地、人，如《尚书大传》说："春、秋、冬、夏、天文、

地理、人道，所以为政也"。综观全文，以后一说为是。

⑤**肆，类于上帝**——肆：此处作"于是"解；类：《周礼·肆师》："类造于上帝"，郑玄注："其礼依郊祀为之，故曰类"，故类是一种特别规格的祭祀。**禋于六宗**——禋（yīn）：升烟而祭，也是一种祭天的典礼。《通典·礼四·禋六宗》引郑玄注："禋，烟也，取其气达升报于阳也"；但《孔传》说："精意以享谓之禋"，从上下文看，郑玄的解释较确；六宗：马融认为是指天、地、四时。《蔡传》说："宗，尊也，所尊祭者，其祀有六：日、月、星与四时、寒暑、水旱也，"马说较可从。**望于山川**——祭祀山川叫望，《蔡传》："望而祭之，故曰望。"

⑥**辑五瑞**——辑：《尔雅·释言》："合也。"《蔡传》说是"训敛"，意义相近；瑞：玉制的符契，《蔡传》："瑞，信也，公执桓圭，侯执信圭；伯执躬圭，子执谷璧，男执蒲璧，以合其符于天子而验其信否也"。桓圭、谷璧是不同等级的信符名称。**既月**——既，《蔡传》说是"尽也"，故既月即月尾。**觐四岳群牧**——觐：诸侯朝见天子；四岳群牧：《孔传》、《蔡传》都认为是指"四方诸侯"和"九州牧盟"，即包括诸侯和各地行政官长，宋程颐解释此句时，只言四方诸侯。按分天下为九州，相传是舜、禹时的事，故程说较可从。**班瑞于群后**——班：《孔传》："班还后君也"，《书经精华》释为："既见之后，颁还其瑞"，似均欠妥。考"班"的古意正是"班瑞"。《尔雅》说："剖玉为班"，《说文解字》说："班，分瑞玉。从珏，从刀；"故班瑞就是按等级把玉符赐给诸侯；后：此处指诸侯。

⑦**岁二月**——《书经精华》引林之奇说"指来岁之二月"。按前一年诸侯来朝，明年舜乃巡守。**东巡守**——到东方视察。**至于岱宗**——岱是泰山的别名，尊泰山为群山之宗，故曰岱宗。**柴，望秩于山川**——柴：祭祀的一种，马融说是"积柴加牲其上以燔之也"。也是用以祭天的。《礼记·大传》："柴于上帝"；秩：依次。

⑧**协时月，正日**——协：协同，使之统一；时：记时；正：校正。《蔡传》："时，谓四时，月，谓月之大小，日，谓日之甲、乙……"，按"月之大小"，即今之月大、月小、闰月，"日之甲乙"即以天干地支的纪日方法，舜在出巡时统一了各国的历法。

⑨**同律、度、量、衡**——同：使相同，使统一；律：指乐律，《书经精华》认为就是"十二律，黄钟、太簇、姑洗、蕤宾、夷则、无射、大吕、夹钟、仲吕、林钟、南吕、应钟也，"并认为度量衡是"五度：分、寸、尺、丈、引。五量：龠（Yuè）、合、升、斗、斛。五权（衡）：铢、两、斤、钧、石"，可供参考。《蔡传》说舜出巡时考察度量衡等，"诸侯之国，其有不一者，则审而同之。"

⑩**修五礼，五玉、三帛、二生、一死贽**——五礼：吉、凶、军、宾、嘉五

种仪礼。吉，喜庆之事，如婚嫁。凶，丧事。军、军事典礼、仪式。宾，礼宾，如诸侯的互访。嘉，各种宴会；**五玉**：即"五瑞"；**三帛**：红、黑、白三种丝织品，郑玄说："三帛所以荐玉也。受瑞玉者以帛荐（垫、衬）之。帛必三者，高阳氏之后用赤缯（绸），高辛氏之后用黑缯，其余诸侯用白缯。"《蔡传》之说略异："三帛，诸侯世子执纁（红绸）公之孤（儿子）执玄（黑绸）附庸（附庸国、属子、男爵）之君执黄"。从上下文看，二说都不一定正确，似应理解为对贡品的限制，即诸侯觐见天子的贡品规定为三帛、二生和一死；**二生**：两只活物，据传为羊羔、大雁各一；**一死**：一只死雉；**贽**：见面礼；**五器**：行五礼时所需的器物，如衣帽旗帜之类。**如五器**，就是统一五器的规格、样式。

⑪**归，格于艺祖，用特**——归：回到京城；格：祭告上天、神祇或祖先；艺祖：始祖；特：只用一头牛作祭品谓之特。

⑫**群后四朝**——四朝：前人意见不一。有的说是指四方诸侯，有的认为是指四季，即诸侯按季朝见天子。郑玄注《孝经》时说"诸侯五年一朝京师。"也有人认为天子5年一巡守，其余4年诸侯上京朝觐。其中诸侯按季朝觐一说于理不合，其余两说都可解释：**敷奏以言，明试以功，车服以庸**——敷：详细叙述；试：考核；功：治国的成绩；庸：用，车服以庸就是对治国有功的诸侯赐以车马、冠冕、衮袍等以表彰之。《孔传》说："功成则赐车服以表显其能用。"

今译（一）

尧叫舜负责完善五常之教的工作，舜能使父义、母慈、子孝、兄友、弟恭的五种美德得到普遍的遵从。尧命舜总理百官，舜能使百官的政务及时处理，井然有序。尧派舜在明堂四门接待诸侯，舜能使诸侯和顺融洽。尧让舜到深山考察，舜能在暴风骤雨、雷电交加中不迷失方向。

于是尧说："来吧，舜！三年来，我考察你的工作，检验你的言行，证明你言行相符，办事有功，你可以升作天子了。"

舜以自己德行不够表示谦让，不愿承继王位。

正月初一，在尧的祖庙里，举行了帝位交接典礼。舜摄理帝位后，先考察了北极、北斗的运行，校正了有关春、夏、秋、冬的历法。接着举行祭祀，先按郊祀典礼祭告上帝，次依升烟而祭之礼祭告天、地、四时等六宗之神，再遥望山川而祭之，最后遍祭群神。

舜按诸侯等级备制五种玉符。当月下旬，选定吉日，四方诸侯举行朝觐仪式，把玉符分赐给各国诸侯。

第二年二月，舜巡视东方各国，来到万山之宗的泰山，先举行燔牲大典祭祀上天，再依次祭奠山川，并接受东方各国诸侯的朝见。然后厘定了计时的方法和日历。统一了音乐的律调和度量衡，制定了吉庆、丧葬、军事、礼宾、宴会等五方面的礼仪和诸侯使用瑞玉作符信的五种等级，规定诸侯朝觐天子的贡品只限于红、黑、白三色的丝织品各一匹，活羊羔、活雁各一只，死野鸡一只，并统一规定了举行五礼所用的器物。这些事办完后，舜才回来。

五月，舜南巡到了南岳衡山，进行了和东巡至泰山时一样的活动。

八月，舜西巡到了西岳华山，也象开始东巡时一样进行了各种活动。

十一月初一，舜视察北方来到北岳恒山，也同样进行了上述各项工作。

舜巡视完毕，回到京城，在太庙举行祭祀，将出巡之事禀告列祖列宗。祭祀时只用了一头牛作供品。

此后，舜规定天子每五年到各地巡视一次，其余四年里，诸侯要上京朝觐。朝觐时，诸侯须向天子详细报告供职情况，天子要认真考核诸侯的功过，对成绩卓著的赐以车马冠冕。

原文（二）

肇十有二州，封十有二山，濬川。①

象以典刑，流宥五刑，鞭作官刑，扑作教刑，金作赎刑，眚灾肆赦，怙终贼刑。钦哉！钦哉！惟刑之恤哉。②

流共工于幽州，放欢兜于崇山，窜三苗于三危，殛鲧于羽山，四罪而天下咸服。③

二十有八载，帝乃殂落。百姓如丧考妣。三载，四海遏密八音。④

月正元日，舜格于文祖。询于四岳，辟四门，明四目，达四聪。⑤

咨十有二牧，曰："食哉惟时，柔远能迩，惇德允元而难任人，蛮夷率服。"⑥

注释（二）

①**肇十有二州**——肇："兆"的假借字，本意为以火燎龟壳使生皲纹，然后就其文理以断吉凶。这里取皲裂之意引申为"划分"；十有二州：郑玄等认为是徐、豫、扬、雍、荆、青、兖、冀、梁九州加上营州、并州和幽州，可供参考。**封十有二山**——封：封山，即在十二州内各择一山，封为镇州之山，并在其上修筑祭台。**濬川**——疏通河流，濬同浚。

②**象以典刑**——前人解释颇为纷纭。五刑：一说是劓（割鼻）、刵（割耳）、椓（zhóu 宫刑）、黥（刺面）和大辟（砍头）。一说是墨（额上涂黑）、劓、剕（砍脚）、宫、辟。还有人把甲兵、斧钺、刀锯、笮（zé）钻、鞭扑称为五刑的。其中以第二说较为史学界所公认。象：前人解释分歧更大。一释象为"象征"，认为古代民心敦厚，不必真用刑，大舜仁德，规定对犯罪者只在其衣服上面以应科刑罚之图形作为惩戒。但有人不同意此说，如荀子说："世俗之为说者曰：'治古无肉刑，而有象刑。'……是不然。以为治邪？则人固莫触罪，非独不用肉刑，亦不用象刑矣。以为轻刑邪？人或触罪矣，而直轻其刑。然则是杀人者不死，伤人者不刑也。罪至重而刑至轻，庸人不知恶矣，乱莫大焉。"（《荀子·正论》）另一种说法以"形象"来释象，意即"刻其形象"，在各种器物上铭刻五刑的内容，使民知晓，含有公布刑律之意，类似后世悬法于宫门之"象魏"。可以设想，舜时的"象刑"，就是后世"象魏"的起源。**流宥五刑**——对犯了五刑之罪但情节可以从轻或由于赦免而改判流放。流：流放；宥：宽赦。**鞭作官刑**——对官吏、差役犯法尚不够五刑之罪的处以鞭打。鞭，《蔡传》："木末垂

革",即木柄拴上皮带。**扑作教刑**——扑:打板子,相传是用槚(jiǎ)和楚两种木料做成刑具,槚又名夏,故称夏楚。对"教刑",也有两种解释:《孔传》说:"扑,夏楚也,不勤道业则挞之。"《正义》认为是"师儒教训之刑",把扑刑解释成对学生的体罚,《唐律疏议》说:"言人有小愆,法须惩戒,故加捶挞以耻之。汉时笞则用竹,今则用楚,故《书》云:'扑作教刑',即其义也",则将"教",释为"教训"之义。**金作赎刑**——在古文里,"金"常作通货之总称,不专指黄金。在以铜为通货的时代,金即指铜,以白银为通货的时代,金又指银。舜时究竟以什么为通货,尚无定论,故只能作"钱"解。**眚灾肆赦,怙终贼刑**——眚:过失;灾:有两种解释,一说为灾祸,即意外事件,一说为危害,即因过失而造成了危害,如《孔传》:"过而有害,当缓赦之";怙:《说文》:"恃也",即坚持。一般以为是指故意犯,与"眚"相对而言,但也可以理解为"怙恶不悛";终:尽也、止也,一般认为是指惯犯,但可以将"怙终"看作一词,理解为"坚持到底";贼:也有两种解释,一取"杀"的意思,如《左传·宣公二年》的"使鉏麑贼之",因而将"贼刑",解释为死刑。一是取"虐"的意思,将"贼刑"解释为"从严惩处"。前说似太狭,后说较灵活。**钦哉,钦哉,惟刑之恤哉**——恤:《经典释文》:"忧也",是"深思熟虑"的意思,又恤也有"顾惜"、"怜恤"之义。《蔡传》对"惟刑之恤哉"一句的解释是:"轻重毫厘之间,各有攸当,而钦恤之意行乎其间。"

③**流共工于幽州**——流:放;幽州:《史记·正义》引《括地志》说:"故龚城在檀州燕乐县界。故老传云,舜流共工于幽州,居此城。"按燕乐县,东魏置,故城在今河北密云县东北70里。**放欢兜于崇山**——放:流放;崇山:《通典》说:"沣阳县有崇山,即放欢兜之所。"按沣阳县,晋置,北周废,故城在今湖北黄陂县南。**窜三苗于三危**——窜:放逐;三苗:古国名,也是部族名,舜时居住在南方,约相当于今之湖南、江西一带。《史记注》:"三苗之国,左洞庭而右彭蠡";三危:在今甘肃敦煌县境。**殛鲧于羽山**——殛:诛戮,也有人解作流放;羽山:一说在今江苏东海县西北90里处,地当赣梅县与山东郯城县交界处,一说在今山东蓬莱县东南30里。

④**二十有八载,帝乃殂落**——舜摄理天子职务后的第28年上,尧便死了。殂,即死亡。**百姓如丧考妣**——百姓:本指贵族诸姓,等于说"百官",但在某些情况下,也指除奴隶以外的一切人,或泛指下层人民,此处当是泛指。考妣:古时对父母死后的称谓。《礼记·曲礼下》:"生曰父,曰母,曰妻;死曰考,曰妣,曰嫔"。**遏密八音**——遏:止;密:同谧(mì),安静;八音:以金、石、丝、竹、匏、土、革、木八种原料制成乐器所发出的音响。所有的乐器都不外

是这八种原料所做成，故"八音"即指一切乐器的演奏。

⑤**月正元日**——正月初一，月正即正月；元：始，元日即初一。**辟四门**——《孔传》："开辟四方之门未开者，广致众贤"，意思是原来没有开的，现在开了，以便广招贤才。**明四目，达四聪**——用四方的眼睛去看，用四方的耳朵去听，这是一种形象的说法，表示京城和全国各地声气相通。《正义》："广视听于四方，使天下无壅塞。"

⑥**咨十有二牧**——咨：商量。《蔡传》："咨，谋也；"牧：古代将统治阶级和人民的关系比作牧人和牛羊的关系，故称治民为"牧民"，此处的牧指12州的执政者。**食哉惟时**——食：应理解为包括衣食在内的物质生活；惟：重在；时：农时，《孔传》："所重在于民食，惟当敬授民时。"**柔远能迩，惇德允元**——柔：怀柔，安抚；能：郑玄说是"恣也"，引申为顺从，使满意；惇：敦厚、纯朴；允：公正、诚实；元：仁厚，善良；难：此处作"疏远"、"拒绝"解；任：通壬。《尔雅·释诂》说"佞也。"《传》："壬，包藏凶恶之人。"**蛮夷率服**——蛮夷：对少数民族的蔑称。古时对少数民族，东方的叫夷，西方的叫戎，南方的称蛮，北方的称狄；率：一个接一个地。

今译（二）

舜把全中国划分为十二个州，选封了十二座镇州之山，并疏浚了河流。

舜把关于5种肉刑的规定刻在器物上向天下公布。同时规定：凡犯五刑之罪而有从宽情节者，可改判流放；凡官吏犯法不够判处五刑者，以鞭刑惩处之；凡一般人犯法不够判处五刑者，以杖刑训戒之；允许出钱赎罪，折免刑罚；凡过失犯罪造成危害者，得从轻处罚，给以宽宥，故意犯罪及怙恶不悛者，应从重处罚直至死刑；在执法中应严肃慎重，体现爱护百姓的精神。

根据以上规定，舜把共工流放到幽州，把欢兜放逐到崇山，把三苗部落迁徙到三危地区，在羽山将鲧处死。对这四个案子的判处得到了全国的拥护。

舜摄理天子政务28年后，尧帝逝世。百姓们象死了父母一样悲痛，三年内，全国听不到任何乐器的音响。

三年国丧期满后的正月初一，舜在太庙祭祀，正式即位。

舜遇事征求四方诸侯的意见，广开言路，使自己耳聪目明，对全国情况都能了解。

舜和12州的执政官长研究政务时说："要做到丰衣足食，必须掌握农时，对边远地方要给以安抚，对近处臣民要尽量满足其要求。执政者要任用贤德公正忠厚善良之士，疏远那些口是心非的小人，化外之民才会争先恐后地前来归顺。"

原文（三）

帝曰："咨，四岳，有能奋庸熙帝之载，使宅百揆，亮采惠畴。"①

佥曰："伯禹作司空。"②

帝曰："俞，咨禹！汝平水土，惟时懋哉！"③

禹拜稽首。让于稷契暨皋陶。④

帝曰："俞，汝往哉！"

帝曰："弃，黎民阻饥，汝后稷，播时百谷。"⑤

帝曰："契，百姓不亲，五品不逊。汝作司徒，敬敷五教。在宽。"⑥

帝曰："皋陶，蛮夷猾夏，寇、贼、奸宄。汝作士。五刑有服，五服三就；五流有宅，五宅三居。惟明克允。"⑦

帝曰："畴若予工？"⑧

佥曰："垂哉！"⑨

帝曰："俞，咨垂，汝共工。"⑩

垂拜稽首，让于殳斨暨伯与。⑪

帝曰："俞，往哉！汝谐。"⑫

帝曰："畴若予上下草木鸟兽？"⑬

佥曰："益哉！"⑭

帝曰："俞，咨益，汝作朕虞"⑮

益拜稽首，让于朱、虎、熊、罴。⑯

帝曰："俞，往哉！汝谐。"

帝曰："咨，四岳？有能典朕三礼？"

佥曰："伯夷。"⑰

帝曰："俞，咨伯，汝作秩宗。夙夜惟寅，直哉惟清。"

伯拜稽首，让于夔、龙。⑱

帝曰："俞，往，钦哉！"

帝曰："夔，命汝典乐，教胄子。直而温，宽而栗，刚而无虐，简而无傲。诗言志，歌永言，声依永，律和声。八音克谐，无相夺伦，神人以和。"⑲

夔曰："于！予击石拊石，百兽率舞。"⑳

帝曰："龙，朕堲谗说殄行，震惊朕师。命汝作纳言，夙夜出纳朕命，惟允。"㉑

帝曰："咨，汝二十有二人，钦哉！惟时亮天功。"㉒

三载考绩，三考黜陟幽明。庶绩咸熙，分北三苗。㉓

注释（三）

①**有能奋庸熙帝之载**——奋庸：奋发努力，建立功业。奋是奋发，庸即用，引申为："功业"；熙：发扬光大；载：事业。**使宅百揆，亮采惠畴**——宅：居，此处作"担任"，或"官居"解；亮：辅助，采：办理，惠：有利于……；畴：类，引申为"各方面"。

②**佥曰："伯禹作司空"**——佥：大家；禹：即继鲧治水的夏禹；作：此处

应循"兴起"之义索解；司空：官职，主管民政、户政、交通的大臣，"禹作司空"，是说把禹从司空之职提到百揆。

③**汝平水土，惟时懋哉**——平：治理；惟：句首助词，含有希望、鼓励的意思；时：是，这；懋：勤勉，《孔传》："懋，勉也。"

④**禹拜稽首，让于稷契暨皋陶**——稽（读如 qǐ）首：古时一种跪拜礼，《周礼·春官·大祝》贾公彦疏："头至地多时，则为稽首也。"是古代九拜中最恭谨的跪拜礼节；稷：我国古老的食用作物，一说是高粱，古时常以稷统称五谷，而且把主管农业的官吏也称为稷，《左传·昭公二十九年》："稷，田正也"；契：人名，舜的农业大臣，故称稷契；皋陶：舜的臣子。

⑤**弃，黎民阻饥**——弃：人名，舜的大臣；黎民：有三种解释。1.《蔡传》："黎，黑也。民首皆黑，故曰黎民"，2. 九黎（苗族）的简称，后因用以泛称百姓（见杨筠和《尚书覈诂》）。3. 郑玄《诗·大雅·云汉》笺："黎，众也。"所以黎民就是众民。似以郑玄的意见较妥；阻：困苦，后：在《尚书》中常作"诸侯"、"伯"的同义词，此处当作"主管"解；时：可作三种解释，1. 季节，"播时"，即按季节如时播种；2. 作"是"（这）讲，"播时"，即种植这些；3. 助词无义。这里取第一义较好。

⑥**百姓不亲，五品不逊**——亲：和睦、友爱；五品：《蔡传》："父子、君臣、夫妇、长幼、朋友五者之名位、等级也；"逊：顺，不逊即不顺，《正义》："谓不义、不慈、不友、不恭、不孝也。"**司徒**——主管教育的大臣。**敬敷五教，在宽**——敷：布，传播；五教：有关"五品"的教育；在宽：《书经精华》说："五常之教，在于宽裕以待之，使优游浸渍，以渐而入。"用现在的话来说，就是要耐心细致，和风细雨。

⑦**蛮夷猾夏，寇贼奸宄**——猾：前人多把它释为侵扰、扰乱之意，如《孔传》"猾，乱也"，因而把蛮夷猾夏一句解释成异族侵扰中国。但这种解释不太合理，因为这里讲的舜命皋陶主持司法工作，而异族入侵则需采取军事征讨，不属于司法工作的范围。故"猾"应是形容词，即"狡猾的。""夏"，也应按《说文解字》的说法："夏，中国之人也，"来理解；猾夏，指中原地带的狡猾之徒。蛮夷猾夏，意为四方及中原的不法之徒。寇、贼、奸、宄：指四种犯罪行为，《孔传》："群行攻劫曰寇，杀人曰贼，在外曰奸，在内曰宄。"奸、宄，大约相当于现代所说的内奸、外贼。**士**——此处指掌刑狱之官。《孔传》："士，理官也。"**五服三就**——就：处所，地方。三就指三种行刑的地方。《孔传》："行刑当就三处：大罪于原野，大夫于朝，士于市。"《国语·鲁语》说："大刑用甲兵，次用斧钺，其次用笮钻，薄刑用鞭、扑，以威民也。故大者陈之原野，小者致之市、

朝。五刑三次，是无隐也。"两说迥然不同，但细勘似都不确。《孔传》将"大罪与大夫、士并列，实不伦类。"《鲁语》所说之甲兵不属五刑之列，而斧钺、鞭扑等则为刑具，与三就无关。故此句似以蔡沈的话较为可信。《蔡传》说："大辟弃市，宫辟下蚕室，余刑亦就屏处"。**五宅三居**——宅：安置；居：处所。三居，《孔传》："大罪四裔，次九州之外，次千里之外。"**惟明克允**——明察隐微，执法公正。明，是明察；允，是公允。

⑧**工**——百工，主管百工的大臣。

⑨**垂**——舜的臣子，相传有巧思。

⑩**共**——即"供"，此处作"充任"解。

⑪**殳**（shū）**斨**（qiāng）**伯与**——均为舜臣。

⑫**汝谐**——可作两种解释：1. 谐作"谐合"引申为适合，"汝谐"，即等于说"你行"；2. 谐通偕，即同也。"汝谐"，等于说："你们和他一同干"，即舜命殳斨，伯与和垂共同担任百工之职。据《史记·五帝本纪》载："朱、虎、熊、罴为伯益之佐"，而下文舜对伯益任命时也说的是"汝谐。"故应解作殳斨、伯与充当垂的助手为宜。

⑬**上下草木鸟兽**——这里是指主管这几方面工作的官职。《正义》："即《周礼》山虞、泽虞之官，各掌其教，知上谓山、下谓泽也。"相当于主管山林水利的大臣。

⑭**佥曰："益哉！"**——益：舜的大臣。马融、郑玄、王肃等人说此处的"佥曰"应为"禹曰"，可供参考。

⑮**朕虞**——虞是官名，朕虞即如说：我的某某官。

⑯**朱、虎、熊、罴**——人名，均为舜臣。

⑰**有能典朕三礼**——典：主持；三礼：前人释为："祀天神，享人鬼，祭地祇之礼"。祀、享、祭，此处同义，人鬼指人死后的灵魂，即祖先在天之灵。**伯夷**——人名。《国语·郑语》说他"礼于神以佐尧"，当为尧之旧臣。

⑱**秩宗**——《孔传》："秩，序；宗，尊也。"秩宗即主管祭祀和宗庙事务的大臣。**夙夜惟寅**——夙兴夜寐地恭敬从事，寅，敬。**直哉惟清**——只有清明不昧，才能办事公道。**直**，正直，清，清明。**夔、龙**——人名，均为舜臣。

⑲**典乐**——主管乐政的大臣。**教胄子**——胄：帝王及贵族的后裔，教胄子，可以理解为对天子、贵族的子弟进行教育，但《说文》"胄"作"育"，古时二字音近义通。王引之认为"胄子"即"育子"，亦即"稚子"，泛指青年子弟。按舜时阶级划分尚不十分严格，教育对象不一定限于贵族，故"教胄子"可理解为"教育青年子弟"。此外，还有人将"胄子"解释为"长子"，则"教胄

子"就成了"太子侍读",似离原意更远了。**直而温,宽而栗,刚而无虐,简而无傲**——正直而和顺,宽厚而严肃,刚直而不粗暴,简朴而不傲慢。**诗言志,歌永言,声依永,律和声**——志:思想感情;永:同咏,抒发;声:五声,即宫、商、角、徵、羽;律:即十二律,见《舜典》(一)注⑨。**八音克谐,无相夺伦,神人以和**——意为用和谐的音乐来协调人与神之间的关系。古代重视祭祀时的音乐,认为"大合乐则可以致鬼、神、示(qí),以和邦国,以谐诸侯,以和万民,以悦远客。"

⑳**于**——即"吁",叹词。**击石拊石**——击:重打;拊:轻叩;石:《孔传》:"石,磬也",可理解为各种打击乐器。

㉑**朕堲谗说殄行**——堲(jí):通"疾",憎恨;殄:尽,灭绝,殄行指品行很坏。**震惊朕师**——师:众,此处指臣民。**纳言**——官名。《正义》:"纳言为喉舌之官也",郑玄认为如汉代的尚书。主管接纳上报天子的呈诉,传达王命。

㉒**二十有二人**——前人注疏不一。有的说是上述任命的诸臣加上四岳,有的加上十二州牧,无法肯定究竟是哪二十二人,总之是在朝的大臣。**惟时亮天功**——时:随时;亮:协助;天功:上天的功业。古时认为天子代天牧民,治理天下是上天的功业。

㉓**三载考绩**——每三年对臣下的工作进行一次考核。**黜陟幽明**——黜,降级或罢免;陟,提拔,升级;指根据成绩好坏,确定对官吏的升降。幽:昏暗,指成绩不好;这里指政绩不好的昏聩官吏。明:清明,指政绩卓著的聪明才智之官。**庶绩咸熙**——庶绩:各种政务,庶:多,咸:都;熙:熙和,指天下大治。**分北三苗**——北:今人曾运乾在其所著《尚书正读》中说:"北当为仌形之误也。《说文》:'仌,分也,从重八。'八,别也,象分别相背之形,"较有道理。但"北",古本"背"义,分北即分背,如《蔡传》说:"北犹背也善者留,不善者窜徙之,使分背而去。"《孔传》也说:"三苗。幽闇。君臣善否,分北流之,不令相从,"即对三苗进行甄别,鉴定善恶好坏,然后分别迁徙到不同的地方。

今译(三)

舜说:"喂!主管四方的大臣们,有谁能奋发努力,光大先帝的功业,胜任总理百官的宰相职务,辅助政务,协调万方呢?"

大家回答道:"现任司空之职的禹可以担任。"

舜说:"好的。禹呀!你制服了洪水,治理了田园,现在就更加勤勉地担任起宰相的职务来吧。"

禹叩头下拜,表示感谢,但谦让说应由契和皋陶来担任。

舜说:"嗯,还是你担任吧。"

舜说:"弃,现在百姓们缺吃少穿,生活困难,你来担任农业大臣,掌握农时,种好粮食吧。"

舜又说:"契,现在百姓之间不相友爱,君臣、父子、夫妇、长幼、朋友五伦之间的关系也不正常。你来担任教育大臣吧。要切实认真地推行五伦之教,工作中要和风细雨。"

舜说:"皋陶,那些蛮夷之邦的人和国中的不法分子,常常结伙抢劫、杀人,内外勾结进行犯罪活动。你来作司法大臣,要正确地运用五刑;按照规定的三种行刑场所执行刑罚;由五刑改判流放的人,应在流放地点定居下来;流放应分作三等(最重者流到最边远的荒僻之所;其次流到九州之外,最轻的流到千里以外),司法工作必须明察秋毫,公正无私。"

舜问道:"谁能给我作百工大臣呢?"

大家都说:"垂这个人可以嘛!"

舜说:"很好,垂,你作百工大臣吧。"

垂叩头下拜,并推让给殳斨和伯与。

舜说:"唔,你就担任吧。让他们协助你,共同努力吧。"

舜又问:"谁能给我管理山林、川泽、草木和鸟兽呢?"

大家都说:"益可以。"

舜说:"唔,好。益,你就作山林、水利大臣吧。"

益叩头下拜,并推让给朱、虎、熊、罴四人。

舜说:"嗯,你作大臣,他们协助你吧。"

舜又问道:"喂,主管四方诸侯事务的大臣们,谁能为我主持祭祀天、地、祖先这三大典礼呢？"

大家都说："伯夷。"

舜说："好啊，伯夷！你作仪礼大臣吧。要不辞辛苦，恭敬谨慎，正直廉明地工作啊。"

伯夷叩头下拜，并推让给夔和龙。

舜说："唔，还是你担任，好好干吧。"

舜说："夔，我任命你主管乐政，用音乐去陶冶青年人的性情，使他们做到正直而温和，胸襟开阔而作风严谨，性格坚强但不粗暴，举止大方但不傲慢。我们要用诗来表达思想感情，用歌来咏唱诗的语言，用乐曲来伴奏歌声，使旋律和谐，音调美妙。只要做到八音和谐，不相错乱，天上人间就可以协调统一。"

夔说："好啊！让我们演奏起乐器，使飞禽走兽也翩翩起舞。"

舜说："龙，我讨厌那些品质恶劣，专进谗言，在我周围制造混乱的小人。你来作纳言大臣吧。你要昼夜辛劳，传达我的命令。接受臣下的呈述，必须作到公正无私。"

舜说："啊！你们这二十二位大臣，要兢兢业业，时刻协助我完成上天交付的功业。"

此后，舜规定每三年对官吏进行一次考核，经过三次考核，根据工作的好坏，决定提升降免。于是，各种政务井然有序，天下大治。然后又对三苗君臣进行甄别，鉴定善恶，把他们分别迁徙到了不同的地方。

书　　后

《舜典》在古文本独立成篇，而在今文本则是《尧典》的下幅，但内容并无出入，由于确是记叙虞舜的事迹，故这里从古文体例。

《舜典》主要记叙了舜接受尧的禅让后，夙夜辛劳，励精图治所取得的功绩。他跋山涉水，巡行天下，制礼定乐，颁行法典，统一度量衡，厘定时历，划分天下的行政区域，建立中央政权机构，使尧所统治的雏形国家，在政治、经济、法律、文化各方面都有了很大的发展和进步。

一、从舜任命大臣的情况看，这时的国家机构已初具规模。中央一级的官吏中，有了统率百官的"百揆"，即宰相，和主管农业、教育、司法、手工业、宗庙祭祀、乐政等各方面职务的大臣。政务的进一步分工，官制的初步建立，标志着国家机构的渐趋完善。

二、《舜典》描述了舜任命大臣时的场面：天子虚心纳言，群臣互相谦让，朝廷气氛融洽。对就任的大臣，舜用"往哉，汝谐"的话表示鼓励；任职的官吏则下拜稽首，欣然从命，有的更手之舞之，足之蹈之。显示了当时君臣之间，群臣之间的互相信赖，彼此尊重，说明舜继承并发扬了尧的民主传统。

三、"五载一巡守"和"三载考绩"，是舜创立的两项重要制度。天子每五年到全国各地巡视一次，听取各地诸侯的汇报，及时了解下情，对政绩优良者给以奖励。每三年对百官进行一次考核，三次考核后，根据成绩优劣，决定升降。

中国历代封建王朝都注重吏治，甚至有"治吏不治民"之说。这当然过分夸大了吏治的作用，但不容否认，在封建制度未发生根本变化的情况下，吏治的好坏对政治的清浊确有重要关系。舜实行巡守和考绩制度，说明国家的规章制度正逐步完善，这些制度对后世也有重大影响。

四、"象以典刑"，就是在器物上镌刻五刑的内容，作为颁行天下的方式。这是舜对法律的重大建树。从《舜典》的简要叙述中，有以下几点值得重视。

1. 以流、鞭、扑、赎金等方式，作为五刑的补充规定，不仅扩大了刑种，使之更能适应犯罪的不同情况，而且体现了舜从宽的立法思想，为后世的封建法律长期沿用。如对于流刑，《唐律疏议》的《名例篇》就说："《书》云：'流宥五刑'，谓不忍刑杀，宥之于远也。……盖始唐虞，今之三流，即其义也。"

2. 初步区分了过失、故意、惯犯等不同情况，并相应地规定了从轻从重的量刑原则，即所谓"眚灾肆赦，怙终贼刑。"

3. 提出了"惟刑之恤哉"的刑法指导思想。"恤"，固然有"体恤"之意，但舜更多强调的是"惟明克允，"即准确、公正，用刑慎重不滥。南齐的王融在《永明九年策秀才文》中说："敬法恤刑，虞书茂典"，这表明虞舜时的"惟刑之恤哉"的思想对后世影响是很深远的。

4. 舜在司法实践中，执法严明。"四罪而天下咸服"，收到了良好的社会效果。"四凶"中，有尧的旧臣，也有当时的权贵，但舜不徇私，不护旧，敢于拿他们开刀，说明当时还没有什么"刑不上大夫"之类的规定。

一般认为中国的刑法始于夏。但国家、法律的产生和形成有一个漫长的过程，尧，舜处于从原始氏族社会向奴隶制社会演变的过渡时期，这一时期的政治、法律情况究竟如何，实在是一个值得探讨的问题。从《舜典》的记载中，可以看出国家政权和法律无疑已渐趋形成，这种从无到有的开创和把人类引向文明的进步，在历史上是极其重要的。因此可以说，舜是从氏族社会过渡到奴隶社会时期中一位杰出的政治家。

皋陶谟

原 文

皋陶谟。①

曰若稽古。②

皋陶曰:"允迪厥德,谟明弼谐。"③

禹曰:"俞,如何?"

皋陶曰:"都!慎厥身修思永。惇叙九族。庶明励翼,迩可远,在兹。"④

禹拜昌言曰:"俞!"⑤

皋陶曰:"都!在知人,在安民。"

禹曰:"吁!咸若时,惟帝其难之。知人则哲,能官人。安民则惠,黎民怀之。能哲而惠,何忧乎欢兜,何迁乎有苗,何畏乎巧言令色孔壬。"⑥

皋陶曰:"都!亦行有九德。亦言其人有德,乃言曰,载采采。"⑦

禹曰:"何?"

皋陶曰:"宽而栗,柔而立,愿而恭,乱而敬,扰而毅,直而温,简而廉,刚而塞,强而义。彰厥有常,吉哉!"⑧

"日宣三德,夙夜浚明有家,日严祗敬六德,亮采有邦。翕受敷施,九德咸事,俊乂在官,百僚师师,百工惟时,抚于五辰,庶绩其凝。"⑨

"无教逸欲有邦。兢兢业业，一日二日万几。无旷庶官，天工人其代之。"⑩

"天叙有典，勑我五典五惇哉！天秩有礼，自我五礼有庸哉！同寅协恭和衷哉！天命有德，五服五章哉，天讨有罪，五刑五用哉！政事懋哉懋哉！"⑪

"天聪明，自我民聪明。天同，自我民同。达于上下，敬哉有土。"⑫

皋陶曰："朕言惠，可厎行。"⑬

禹曰："俞！乃言厎可绩。"

皋陶曰："予未有知思。思曰赞赞襄哉！"⑭

注　释

①**皋陶谟**——皋陶（gāo yáo）：人名，舜的大臣，掌司法；谟：通"谋"，策略，计谋，皋陶谟即皋陶的政见。据《史记·夏本纪》说："帝舜朝，禹、伯夷、皋陶相与语帝前。"则不是二人的私下交谈，而是在御前会议上对政事的讨论。《大禹谟》的《序》说："皋陶矢厥谟，禹成厥功。帝舜申之，作《大禹》、《皋陶谟》、《益稷》。"（这是按古文编次说的。今文《尚书》这几句话列在《皋陶谟》篇首。）矢：陈说；厥：他的；申：《孔传》说："重也"，说明舜对皋陶的意见十分重视。

②**曰若稽古**——曰若：《蔡传》："考古皋陶之言如此"，曰若，发语词。稽：考察，根据；古：从前。全句的意思说明《皋陶谟》是事后追记的。

③**允迪厥德**——允：相信，迪：《孔传》，"迪，蹈，厥，其也，其，古人也。言人君当信，蹈行古人之德。"这里的古人即指尧。**谟明弼谐**——明：《尔雅·释诂》："成也"；弼：辅弼，这里指辅弼天子的群臣。

④**慎厥身修思永**——慎：重视，谨慎；身修：即修身；思永：考虑长久之计。《孔传》说："慎修其身，思为长久之道。"《蔡传》也说："身修则无言行之失；思永则非浅近之谋。"**惇叙九族**——惇（dūn）：敦厚、诚笃；叙：秩序，此处有"正

常"之意;九族:据《蔡传》对《尧典》"以亲九族"一句的解释,是指"高祖至元孙之亲",元孙即玄孙。但《正义》认为九族是对父族四代、母族三代、妻族二代的总称。**庶明励翼**——庶:多、众;明:此处指贤明之人;励:努力;翼:辅助。**迩可远,在兹**——迩:近;兹:这里、这一点,指"修身"和"思永"。

⑤**禹拜昌言**——拜:佩服;昌:美好,昌言,完善、精辟的言论。

⑥**知人则哲,能官人**——哲:贤哲、英明;官人:谓任命人做官。**何畏乎巧言令色孔壬**——令:好,令色,指阿谀逢迎的丑态;孔:大;壬:内怀奸诈,孔壬,《蔡传》说:"大包藏凶恶之人也。"

⑦**亦行有九德**——亦:段玉裁解作"大",有"大凡"之意。《蔡传》解为"总也",有"总而言之"的意思;行:《朱子全书》说:"可见之迹也",相当于现代所说的"实际行动"。**乃言曰:载采采**——乃:皮锡瑞说:"今文或作'丂',丂乃考也;'乃言'即'考言'",指通过考核评定所得之结论。但细研全文,似应以"就"、"才"译"乃"更为贴切,"乃言"相当于"就是说"的意思,载:事业、行动;采:事实,有褒义,略似现代所说的:"好人好事"或"先进事迹";采采,指大量的先进事迹总括"乃言曰,载采采"一句,《孔传》解释较为简明:"载,行;采,事也;称其人有德,必言其所行某事某事以为验。"

⑧**宽而栗,柔而立,愿而恭**——宽:豁达;栗:通"慄",严肃;柔:温和、温柔;立:坚定;愿:谦和;恭:郑重其事,谨严。**乱而敬,扰而毅,直而温**——乱:排难解纷的意思,《尔雅·释诂》:"乱,治也";扰:《孔传》:"顺也",意思是能听取不同的意见;毅:果敢;直:正直;温:和善。**简而廉,刚而塞,强而义**——简:《孔传》释为"简大",朱熹释为"繁苛琐细"的反义。综合二说,含有高瞻远瞩、大处着眼,不拘泥小事的意思;强,《孔传》释为:"无所屈挠";义:王引之解释为"善也"。**彰厥有常,吉哉**——《孔传》:"彰明,吉,善也。"《书经精华》解释此句说:"以此德(九德)彰著之于身而又终始有常而不变,其吉士矣哉。"吉士,德才兼备的高尚之士。

⑨**日宣三德,夙夜浚明,有家**——宣:明也;浚明:恭敬而努力;三德:九德中的三项;有家:古时卿大夫为一"家"(族)之君,有家就是作卿大夫。**日严祗敬六德,亮采,有邦**——日严:随时严格要求自己;祗:《正义》:"祗亦为敬",这里的"敬"指砥砺德行;六德:指九德中之六种;有邦:拥有一国(诸侯之国),即作诸侯。**翕受敷施,九德咸事**——翕(xí):吸收、包含;敷:普遍、广泛;施:推行。**俊乂在官,百僚师师**——俊:有德;乂:治,此处指治才,俊乂即指贤能之人。《淮南子·泰族训》说:"智过万人者谓之英,千人者谓之俊,百人者谓之豪,十人者谓之杰";僚:同官称僚,百僚即百官;师

师:《正义》:"师师谓相师法也",即互相学习。**百工惟时,抚于五辰,庶绩其凝**——惟时:及时;抚:《蔡传》:"顺也";五辰:《书经精华》谓指金木水火土五行,《蔡传》说五辰即"四时"。两说并不矛盾,因古人将五行分配于四时,如说木旺于春,春即为木之时,故《正义》说:"五行之时即四时也";凝:结,引申为"成功"。

⑩**无教逸欲有邦**——逸:安逸;欲:私欲。**一日二日万几**——一日二日:天天;几:事端,事务。《孔传》:"几,微也。"万几,即"诸事之微细处"。《书经精华》释为"百事之繁"。**无旷庶官,天工人其代之**——旷:荒废,旷庶官意为百官荒废职守,也指用非其人,形同虚设;天工:指上天"牧民"的工作,《蔡传》说:"天工,天之工也。人君代天理物,庶官所治,无非天事,一职或旷则天工废矣,可不戒哉。"

⑪**天叙有典,勑我五典五惇哉**——勑:勑的异体字,命令、指示的总称。**天秩有礼,自我五礼有庸哉**——有庸,马融本作"五庸"。《蔡传》解释此句说:"礼虽天所秩,然用之使品秩而有常,则在我而已。"**同寅协恭和衷哉**——寅:敬,同寅,君臣互相敬重。朱熹说:"同寅协恭,是君臣上下一以敬。"(见《朱子全书》第三十三卷)**五服五章**——五服:《孔传》:"五服,天子、诸侯、卿、大夫、士之服也,尊卑、彩章各异";五章:五服上五种不同的刺绣装饰。《周礼·司服》载:"公服衮冕而下九章之服,如王之服;侯伯服鷩冕而下七章……士服皮冕,无章。"鷩(bì,又读 biē):雉的一种,即锦鸡。**政事懋哉懋哉**——政事:指执政者主持的各种政务;懋:勉力从事,不稍懈怠之意。

⑫**天聪明自我民聪明**——聪:听觉最佳,所闻最清晰;明:视觉最佳,看得最透彻。《蔡传》:"天之聪明,非有视听也,因民之视听以为聪明。"《正义》:"皇天无心,以百姓之心为心,此经大意言民之所欲,天必从之。"**天明畏自我民明威**——畏:古与"威"通。《蔡传》对全句的解释是:"天之明畏非有好恶也,因民之好恶以为明畏。"《孔传》的解释是:"天明可畏,亦用民成其威,民所叛者天讨之。"**达于上下,敬哉有土**——达:相通;上下:指天和人;有土:拥有国土,指天子、诸侯、公卿等执政者。

⑬**朕言惠,可厎行**——惠:顺,适应,指按照上天的意旨;厎:(zhǐ)必然,一定。

⑭**予未有知思。思曰赞赞襄哉**——未有知:等于说"不敢断言",谦逊之词;思曰:《书经精华》谓当作"思日",杨筠如的《尚书覈诂》也主此说,赞:助;襄:治理。前人对"赞赞襄"的解说不一,有谓不仅辅助一事,故曰赞赞;有谓极言其赞助之勤,故曰赞赞。

书　后

皋陶一作咎繇，是舜的司法大臣，相传他善于鞫讼，执法公正，是古时一位有名的法官，且曾被禹选为继承人，因早死未继位。《太平御览》说"律是咎繇遗训，汉命萧何广之。"《九朝律考》引《书钞》之说云："皋陶谟虞始造律"则更以为他是中国法律的创始人。皋陶的法律思想和司法实践现已无可考，但据《舜典》载，皋陶作士是在舜惩罚共工、欢兜、三苗和鲧等"四害"之后，或许皋陶曾协助舜处理过"四害"，正是在办案中皋陶显示了他的治狱才干，才被舜任命为司法大臣的。然而有趣的是，这位司法大臣在舜的御前会议上发表政见时，却很少谈他自己的本行，而是发挥了知人安民的道理。

知人，讲的是对干部的选拔和使用，安民讲的是对百姓的安抚。从中国封建社会的历史看，大凡治世，总少不了这两条。诸葛亮就曾说过："亲贤臣，远小人，此先汉所以兴隆也；亲小人，远贤臣，此后汉所以倾颓也。"至于安民，则更为明智的君主和有识的学者所重视。孟子就主张"民为贵，君为轻"，认为"百姓不足，君孰与足？"唐代的魏征更提出了百姓可以"载舟"，也可以"覆舟"的警语。虽然这些主张还说不上是什么人民主权的思想，但无疑，知人、安民，是中国古代政治思想中含有人民性的精华，即在今日也不无可借鉴之处。

从《皋陶谟》所反映的思想来看，作为司法官的皋陶，不是法家严刑峻法思想的先驱，倒是和儒家德主刑辅思想有深厚的渊源。这和尧舜处于氏族社会向奴隶制国家的过渡时期，还保留着较多的氏族民主有一定关系。同时我们还应当看到皋陶言政，不囿于自己的职务范围，而是从一个更广阔的视野来探求国家长治久安之道。他把德和刑结合起来，而且特别强调道德的作用。这说明皋陶不仅是一个好的司法官，也是一位有水平的政治家。

今 译

根据史料记载，禹和皋陶在舜帝面前进行过以下的讨论。

皋陶说："只有坚信并遵行尧帝的治国之道，我们的计划才能实现，臣僚才能团结。"

禹说："对啊！怎样才能做到呢？"

皋陶说："喏！每个人严格要求自己，认真修养品德，遇事有长远打算，敦厚和睦地处理家庭、宗族的伦常关系。这样，贤德智能之士才会积极辅助我们。由近及远，由齐家到治国的关键就在于此。"

对于皋陶精辟的议论，禹非常佩服，不禁赞叹道："说得真好啊！"

皋陶又说："重要的问题在于知人，在于安民。"

禹说："是呀，可是，要完全做到这两点，即使尧帝也是有困难的。能知人才算英明，才能用人；安民首先要使百姓得到实惠。有实惠，百姓才拥戴。只要能做到办事英明，又给百姓实惠，还愁什么欢兜作怪，还何须迁徙苗族，还怕什么口是心非的坏人捣鬼呢？"

皋陶说："对的，凡是人才，言行必然合乎'九德'的要求，而确定一个人是否有德，必须根据事实和行动才能判断。"

禹问："什么是九德呢？"

皋陶解释说："豁达而严肃，和顺而又坚定，谦逊而谨严，善于排难解纷，却又小心谨慎，能博采众见，又能当机立断，秉性正直而又态度和蔼，既能大处着眼，又能小处着手，办事刚强果敢而又踏实稳妥，有不屈不挠的精神而又心地善良。一个人若能始终如一，身体力行地发扬这九德，就称得上真正的贤士了。"

"如果时时勤勉，早晚不懈，做到九德中的三德，就算得上一个合格的卿或者大夫了；如果经常严格要求自己，诚心诚意做到九德中的六德，能辅助天子治理国家，就是一个合格的诸侯了，所以，如果我们能普遍推行九德，贯彻到人们的行动中去，那么，所有的官吏自然都是德才出众的贤士，满朝文武也会互相砥砺，各级大小官吏也能及时完成工作，整个国家的政务也必然能合乎五行之道，取得显著的成绩了。"

"各国诸侯切莫贪图安逸，纵欲享乐，对于纷繁冗杂的政务，不论巨细，每天都要兢兢业业，努力办好。不要因人设事，也不容官吏玩忽职守。须知我们是代替上天来进行工作的。"

"为了确立尊卑贵贱的等级，上天教给我们君臣、父子、夫妇、兄弟、朋友的伦理规范；上天要求用礼仪表明等级秩序，我们就要严格遵循五礼，使大家同心同德，团结一致；为了彰明上天的圣德，我们才按照尊卑等级，制作不同彩绣的五种冠冕袍服；为了替上天惩罚犯罪，我们要好好地运用五刑。只有做到这些，国家的事业才能兴旺发达。"

"上帝对于人间听得最清，看得最明，因为他以人民为耳目，而人民的耳朵最灵，眼睛最亮。上帝对于人间善恶的奖惩最严明，因为他根据人民的意思进行奖惩，而人民对善恶的评定最公正。上天和人民时时声息相通，作帝王的，要十分恭敬勤勉啊！"

最后，皋陶补充说："我的意见是顺应天意的，因而一定行得通。"

禹说："对呀！你的高见一定会行之有效的。"

皋陶说："我所知道的也很有限，只不过我经常考虑如何协助你辅佐天子治好天下罢了。"

大 禹 谟

原 文

大禹谟①

(上略)

帝曰:"皋陶,惟兹臣庶,罔或干予正。汝作士,明于五刑以弼五教,期于予治。刑期于无刑,民协于中。时乃功,懋哉。"②

皋陶曰:"帝德罔愆。临下以简,御众以宽;罚弗及嗣,赏延于世;宥过无大,刑故无小;罪疑惟轻,功疑惟重;与其杀不辜,宁失不经。好生之德,洽于民心,兹用不犯于有司。"③

帝曰:"俾予从欲以治,四方风动。"④

(下略)

注 释

①《**大禹谟**》——据梅本,即"孔安国传"的《大禹谟》篇首的序言称,在这次舜的御前会议讨论之后,舜申其意,作成了《大禹》、《皋陶》、《益稷》三谟,可见这三谟是同时诞生的姊妹篇。但是今文只有《皋陶谟》,它的内容包括了古文的《皋陶》和《益稷》两篇,从篇名到内容都没有的是《大禹谟》。这里据孔颖达的《五经正义》,节选了有关法学的内容。又古文的次序本来是《大

禹》、《皋陶》、《益稷》，我们考虑到节选的内容较少，且系今文所无，所以在编次时将它列在《皋陶谟》之后。

②**惟兹臣庶**——兹：现在；臣庶：众臣和庶民。**罔或干予正**——连偶尔违犯政令的人也没有。干：《蔡传》："干，犯；正，政也"，按帝舜这一段话是表扬皋陶的司法工作做得好，不能据此认为当时犯罪业已绝迹。**汝作士**——你主持司法工作。作：主持，掌管。**明于五刑以弼五教，期于予治**——《蔡传》："言汝能明刑辅教，期我以至于治。"明：严明公允地实施；弼：辅助；五教：关于君臣、父子、夫妇、兄弟、朋友五方面的伦理道德的教化；期：希，冀，引申为"达到……"。**刑期于无刑**——《正义》："以杀止杀，为罪必将被刑，民终无犯者"，即刑法的目的是消灭犯罪。**民协于中**——《正义》："民合于中正之道。"协：和谐，合于；中：正确，不偏不倚。**时乃功懋哉！**——时：这，指前述司法工作的成绩；懋：茂；懋哉：《书经精华》释为"汝当勉之。"按《尚书》中的"懋哉"多为勉励之辞，但也含有嘉奖之意。

③**帝德罔愆**——（我）只是贯彻您帝舜之德，没有失误而已。愆：过错，此处作"失误"解。**临下以简，御众以宽**——自此以下为皋陶自述他是如何贯彻帝德的。临：对待，管理；下：指下属官吏；简：简明扼要；御：驾驭，指挥；众：泛指所有的臣民；宽：宽厚。**罚弗及嗣，赏延于世**——施罚不株连子孙，赏功则泽及后代。嗣：继嗣；世：后世。两词都指子孙后代。**宥过无大，刑故无小**——宥，从宽；过：过失犯罪；大：包括犯罪后果严重和过错较大，刑：此处指刑事惩罚；故：故意犯罪；小：罪行轻微。**罪疑惟轻，功疑惟重**——施罚时如情节有疑就从宽、从轻，赏功时如遇事绩欠确，仍不妨重赏、多赏。**与其杀不辜，宁失不经**——不辜：无罪的人；不经：《孔传》释为"不常之罪"，即律无明文或情节特异的疑难案件。全句的意思是说对于这种疑难案件，宁肯放过不管也不能轻率处理，罚及无辜。**好生之德，洽于民心**——意谓在司法工作中要体现上天好生之德，使百姓心悦诚服。朱熹对此句曾有解释说："宥非私恩，刑非私怒；轻非姑息，重非过于。如天地四时之运，寒凉肃杀常居其半，而涵育发生之心未始不流行其间，此所以德洽民心而自不犯"，（见《朱子全书》第三十四卷）可供参考。**兹用不犯于有司**——意思是说因为上述原因，百姓现在已没有违犯有司之法的了。

④**俾予从欲以治**——俾：使；予：我，帝舜自称；欲：意图，打算。从欲以治是说按照舜的意图实现了大治。**四方风动**——四方：四海之内，指全国范围；风动：随风而动。有上行下效，蔚然成风的意思。

今 译

帝舜说:"皋陶,现在大小百官和黎民百姓很少有违犯我的政令的了。这都是由于你担任司法大臣以来,能够公正严明地执行五刑,以辅助关于君臣、父子、夫妇、兄弟、朋友五种大义的教化,从而促进了我们大治局面的实现,达到了以刑罚手段消灭犯罪的目的。全国臣民的行为都能合乎法律准则和道德规范。你的这个功绩可不小啊!"

皋陶说:"我不过在工作中奉行您的圣德,没有失误罢了。具体说来,就是做到了:指挥部下要明确、扼要,对待臣民要宽容、厚道;施罚不株连子孙,赏功则泽及后代;对于过失犯,不论案情多么重大,都要从宽处理,对于故意犯,不论案情多么轻微,也应从严论处;凡犯罪事实尚有疑虑不清的就从轻判处;评定功绩,即使事迹不够明确,也不妨从重奖赏;对于疑难案件,宁可失于执法不严,也不可枉杀无辜。正是在司法工作中体现了好生之德,才使德治深入人心,百姓们从思想上得到治理,当然也不再违反当局制定的法令了。"

帝舜说:"你的司法工作大大帮助了我,我得以按照我的理想治理天下,使四海之内怀德服教,蔚然成风。"

书 后

《大禹谟》所载也是皋陶在舜的御前会议上发表的政见,其中最精彩的是"临下以简,御众以宽;罚弗及嗣,赏延于世;宥过无大,刑故无小,罪疑惟轻,功疑惟重;与其杀不辜,宁失不经"这一段话。寥寥41字,不仅寓有深刻的哲理,而且包含很高的法学价值。

"罚弗及嗣"就是罪责自负,反对株连的意思。谁都知道,株连是贯穿于中国封建法制全过程的一条原则。《法经》定族株之刑，商鞅行连坐之法，以后递相沿袭，直至明清。随着封建法网的日益严密，株连之法也愈演愈烈，明朝的方孝孺竟遭十族之诛，清之文字狱，不仅祸及亲属，连抄者、贩者、藏者、读者往往也一并问罪。直到清末修订刑律时，由于接受了西方资产阶级"刑罚止于一身"的思想，株连才在法律上被明文取消，可是这也仅限于条文上的取消，在司法实践中，仍然是广行株连的。

一般都认为"罪责自负"、"刑罚止于一身"是西方资产阶级所创立的刑罚原则。但从《大禹谟》的这段引文看，我国在公元前2000多年就有人提出来了。不过，当时还只是作为一般的政治原则，没有象西方那样把它制度化、法律化。

"罪疑惟轻"，是说遇有一时查不清的疑难案件，应当一律从轻从宽处理。这条原则含有丰富的哲学思想。从一般道理而言，枉和纵都是不对的。定罪量刑最好是不左不右，不枉不纵，轻重合适，恰到好处。但是现实生活是极其错综复杂的，犯罪这个领域里的现实则不仅复杂，而且干系重大，所以必须有处理特殊情况的原则。古罗马法中有"有疑，为被告人之利益"的规定，也就是指当遇有疑难时，应从有利于被告的方面去推论。这条原则以后经西方法学家们的不断充实、发展，形成了"无罪推定"、"有利被告"等一套诉讼原则。

从中国封建法制的历史来看，在审判中事实上实行的是"有罪推定"的原则。民国时期曾实行"宁肯错杀三千，决不放走一人"，"四人帮"搞所谓"先定性，后凑材料"、"立足于有"等法西斯审查方式，奉行的也都是"有罪推定"。正因为中国封建社会长期以来实行的"有罪推定"原则，甚至近代、现代还有人搞这一套，皋陶所主张的"罪疑惟轻"，就更显示出它的历史光辉。当然，这样说并不是全面肯定"无罪推定"、"有利被告"这一套西方的诉讼原则。我国社会主义法制实行的是"以事实为根据，以法律为准绳"的原则。它首先是对"有罪推定"的否定，同时也比"无罪推定""有利被告"更科学、更全面、更能反映社会主义法制的本质。但是，我们也不可否认，皋陶所主张的"罪疑惟轻"，"与其杀不辜、宁失不经"仍有一定的借鉴作用，因为在司法实践中，我们也难免碰到事实、性质有疑，一时难于查清和认定的案件。遇有这种情况，大致可以有三种处理办法：一、按"有罪推定"的原则，一律从严从重；二、挂起来，久悬不决；三、暂时按从轻从宽的原则处理。哪一种办法好呢？无疑是最后一种，因为这样可以留有余地，掌握主动，减少后遗症。这样做，不仅反映了我国社会主义法制的民主性，而且也是我国人民民主政权强大、巩固的表现。

　　皋陶能在公元前 2000 多年提出"罚弗及嗣"和"罪疑惟轻"的主张，应当说很了不起的。虽然这些原则在封建法制中都被实际否定了，但说明中国古代的法律思想是相当丰富的，值得很好地发掘和研究。

伊 训

原 文

伊 训①

序成汤既没。太甲元年，伊尹作《伊训》，肆命徂后。②

曰："……（上略）惟我商王，布昭圣武，代虐以宽，兆民允怀。③今王嗣厥德，罔不在初。立爱惟亲，立敬惟长。始于家邦，终于四海。④……（中略）制官刑，儆于有位。曰：敢有恒舞于宫，酣歌于室，时谓巫风。敢有殉于货色，恒于遊畋，时谓淫风。敢有侮圣言，逆忠直，远耆德，比顽童，时谓乱风。惟兹三风十愆，卿士有一于身，家必丧。邦君有一于身，国必亡。臣下不匡，其刑墨。⑤"

注 释

① 《伊训》——商书之一，今文无此篇。这里据孔颖达《五经正义》，即梅本内容节选。

② **成汤既没**——商汤去世之后。**太甲元年**——太甲：《孔传》："太丁子，汤孙也，"即成汤的孙儿；元年：太甲即位之年。按商朝纪年的习惯本称"祀"，这里称"年"，表明这段书序是《尚书》编纂成集时所写。**伊尹作《伊训》**——伊尹：商汤的宰相。《孔传》："伊尹制百官"，因成汤去世，太甲以孙继位，年

少,由伊尹当政,统御百官;训:训诫之辞。因是伊尹所作,故称《伊训》。**肆命徂后**——肆:以;命:令、教导;徂:往;徂后:以后,指子孙后代。

③**惟我商王,布昭圣武**——商王:指成汤;布昭:发扬光大;圣武:对武装征战的赞称,表明既是仁义之师、圣德之军,又所向无敌。**代虐以宽**——虐:指夏桀的残暴统治;宽:指商汤宽厚爱民的政权。**兆民允怀**——《孔传》:"皆信怀我商王之德。"允:确信、衷心。**今王嗣厥德,罔不在初**——今王:指太甲;嗣厥德:继承成汤的圣德;罔不在初:《孔传》:"言善恶之由,无不在初。"《蔡传》:"初,即位之初,言始不可不慎。"**立爱惟亲,立敬惟长**——立:树立、确立;爱:指团结宗族关系的精神纽带;亲:父母亲;敬:维护尊卑秩序的道德准则;长:长上、长辈。**始于家邦,终于四海**——《孔传》:"立爱敬之道,始于亲长,则家国并化,终治四海,"也就是后代所说的"齐家,治国,平天下"的意思。

④**制官刑,儆于有位**——《孔传》:"汤制治官之刑,以儆戒百官。"**敢有恒舞于宫,酣歌于室**——恒:经常、频繁;宫、室:泛指整个的住房,和"官邸"或"府第"同义;酣:《孔传》:"乐酒曰酣。"**时谓巫风**——时:这,指上述的"恒舞于宫,酣歌于室";巫风:掌事鬼神曰巫。进行这些活动时要供酒、奏乐、献舞,如果平时也终日饮酒歌舞,就等于随时作巫,故曰"巫风"。**敢有殉于货色**——殉:读如 jùn,贪婪;货:财货;色:女色。**恒于遊畋**——遊:冶遊、嬉戏;畋(tián):打猎。**时谓淫风**——淫风:淫佚之风。**敢有侮圣言,逆忠直,远耆德,比顽童**——侮圣言:圣言包括上帝、先王、天子的谕令、告诫。《孔传》:"狎侮圣人之言而不行";逆忠直:逆,抗拒。《孔传》:"拒逆忠直之规而不纳";耆:年高德劭谓之耆;比:朋比,引申为亲近;顽童:此处指"男妾""娈童"之类。**时谓乱风**——乱:混乱,是非混乱,伦常颠倒。**三风十愆**——三风:指巫风、淫风、乱风;十愆:三风所包括的十项罪过。愆:过失、罪过。**卿士有一于身,家必丧**——有一于身:身犯其中之一者;家必丧:必然要取消其统治宗族的地位和职权。**臣下不匡**——臣下:统指邦君的卿、大夫和卿、士的家臣;匡:匡正,此处指规劝、谏阻。**其刑墨**——处以墨刑。

今 译

《尚书》序:成汤逝世之后,他的孙子太甲继位。太甲元年,伊尹作了这篇《伊训》,用以垂训后世。

伊尹说："……我们的商王成汤宣扬圣德武功，用宽厚爱民的政权取代了夏桀的残暴统治，亿万黎民感恩戴德，衷心拥护。现在执政的天子，你要继承先王的圣德，必须从开始就注意。要树立爱的精神，必须从服侍父母做起；要树立敬的风气，必须从尊奉长上做起。这样才能由家到国，普及天下。……

要切实执行先王成汤制定的官刑，以惩戒公卿百官。官刑的内容是：凡是敢于在宫廷、府邸内昼夜歌舞，纵酒贪杯的，就是犯了巫风之罪；凡是敢于贪财、好色、冶遊无度，终日打猎的，就是犯了淫佚放荡之风的罪；凡是敢于背离上帝旨意，先王遗训和天子诏谕，拒不接受忠言直谏，疏远年高有德之士，亲近娈童小人的，就是犯了昏乱之风的罪。总此三风，共计十罪。凡身为公卿、大夫、百官，犯有上述罪行之一的，取消其在宗族的职位；凡诸侯国君犯有上述罪行之一的，剥夺其统辖该国的权力，凡大小诸臣，对君上犯此十罪而不谏诤匡正者，要处以墨刑。"

书　后

《伊训》中所说的"官刑"，是专门为"有位"者，即担任各种职务，拥有各级爵位的大小官吏制定的，大约相当于现代惩治国家工作人员违法犯罪的单行法规。

据《伊训》记载，这部官刑是由成汤制定的。成汤死后，他的孙子太甲继位，年纪较小，伊尹为相，重申成汤制定的官刑，既告诫百官，也教育新王。伊尹是商初的名臣。尹是官职，商代为辅弼之臣，伊是他的名字，也叫挚。传说伊尹出身奴隶，随着莘氏之女陪嫁到商汤。最初被派作"小臣"，后委以国政，在助汤攻灭夏桀的过程中显示了他的才能。太甲接位后，他主持国家政务（一说伊尹放逐太甲，篡位自立，几年后太甲潜回，杀死伊尹）。历史上常将伊尹和辅佐周武王的吕尚并称，作为贤相的代称，如杜甫就有"伯仲之间见伊吕，指挥若定失萧曹"之句（《咏怀古迹五首》）。

伊尹在《伊训》中一方面宣扬成汤的圣德武功，主张以"立爱为亲，立敬为长。始于家邦，终于四海"这一套仁政德治的办法治理天下，一方面又重申官刑，整肃法纪。由此，我们可以看出伊尹政治思想的脉络。

成汤官刑的内容虽说简单，但却相当严厉。只要触犯了"三风十愆"中的任何一条，就要被剥夺官职爵位，臣下对君上有三风十愆的过失而不加以规劝者，也要处以墨刑。

耽于声色犬马，远贤亲佞，这几乎是历代封建统治阶级官僚集团中不可避免的顽症。能出污泥而不染，洁身自好的只是极少数，因此而亡国丧生的，却不绝于史书。即令统治阶级对这些不正之风规定了严刑峻法，三尺高悬之下仍是贪赃枉法、贿赂公行。这是封建社会制度本身固有的痼疾，无法根治。但这并不排斥法律在一定的范围和限度内起到整肃吏治，肃清时弊的作用。历史上大凡政治清明的朝代，法纪也都是比较严明的。伊尹在辅佐新主的时候，重申官刑，以期防止三风十愆，在实践中也收到了一定的效果。

洪 范

原 文

武王胜殷,杀受,立武庚。以箕子归,作《洪范》。①

洪 范②

惟十有三祀,王访于箕子。③

王乃言曰:"呜呼!箕子,惟天阴骘下民,相协厥居。我不知其彝伦攸叙。"④

箕子乃言曰:"我闻在昔,鲧陻洪水,汩陈其五行。帝乃震怒,不畀洪范九畴,彝伦攸斁。⑤鲧则殛死,禹乃嗣兴。天乃锡禹洪范九畴,彝伦攸叙。"⑥

"初一,曰五行;次二,曰敬用五事;次三,曰农用八政;次四,曰协用五纪;次五,曰建用皇极;次六,曰乂用三德;次七,曰明用稽疑;次八,曰念用庶徵;次九,曰向用五福,威用六极。"⑦

"一、五行:一曰水,二曰火,三曰木,四曰金,五曰土。水曰润下,火曰炎上,木曰曲直,金曰从革,土爰稼穑。润下作咸,炎上作苦,曲直作酸,从革作辛,稼穑作甘。"⑧

"二、五事:一曰貌,二曰言,三曰视,四曰听,五曰思。貌曰恭,言曰从,视曰明,听曰聪,思曰睿。恭作肃,从作乂,明作晢,聪作谋，睿作圣。"⑨

"三、八政：一曰食，二曰货，三曰祀，四曰司空，五曰司徒，六曰司寇，七曰宾，八曰师。"⑩

"四、五纪：一曰岁，二曰月，三曰日，四曰星辰，五曰历数。"⑪

"五、皇极：皇建其有极。敛时五福，用敷锡厥庶民。惟时厥庶民于汝极，锡汝保极。"⑫

"凡厥庶民，无有淫朋，人无有比德，惟皇作极。"⑬

"凡厥庶民，有猷、有为、有守，汝则念之。不协于极，不罹于咎，皇则受之。而康而色，曰予攸好德，汝则锡之福。时人斯其惟皇之极。"⑭

"无虐茕独，而畏高明。"⑮

"人之有能有为，使羞其行，而邦其昌。凡厥正人，既富方谷，汝弗能使有好于而家，时人斯其辜。于其无好德，汝虽锡之福，其作汝用咎。"⑯

"无偏无陂，遵王之义。无有作好，遵王之道。无有作恶，遵王之路。无偏无党，王道荡荡。无党无偏，王道平平。无反无侧，王道正直。会其有极，归其有极。"⑰

"曰：皇极之敷言，是彝是训，于帝其训。⑱凡厥庶民，极之敷言。是训是行，以近天子之光。曰：天子作民父母，以为天下王。"⑲

"六、三德：一曰正直，二曰刚克，三曰柔克。平康正直，强弗友刚克，燮友柔克。沈潜刚克，高明柔克。"⑳

"惟辟作福，惟辟作威，惟辟玉食。臣无有作福、作威、玉食。臣之有作福、作威、玉食，其害于而家，凶于而国，人用侧颇僻，民用僭忒。"㉑

"七、稽疑：择建立卜筮人，乃命卜筮。"㉒

"曰雨，曰霁，曰蒙，曰驿，曰克，曰贞，曰悔，凡七。卜五，占用二。衍忒。"㉓

"立时人作卜筮。三人占，则从二人之言。"㉔

"汝则有大疑，谋及乃心，谋及卿士，谋及庶人，谋及卜筮。汝则从，龟从，筮从，卿士从，庶民从，是谓之大同。身其康强，子孙其逢吉。㉕汝则从，龟从，筮从，卿士逆，庶民逆，吉。卿士从，龟从，筮从，汝则逆，庶民逆，吉。庶民从，龟从，筮从，汝则逆，卿士逆，吉。汝则从，龟从，筮逆，卿士逆，庶民逆，作内吉，作外凶。龟筮共违于人，用静吉，用作凶。"㉖

"八、庶徵：曰雨，曰旸，曰燠，曰寒，曰风。曰时，五者来备，各以其叙，庶草蕃庑。一极备，凶。一极无，凶。"㉗

"曰休徵：曰肃，时雨若；曰乂，时旸若；曰晢，时燠若；曰谋，时寒若，曰圣，时风若。曰咎徵：曰狂，恒雨若；曰僭，恒旸若；曰豫，恒燠若；曰急，恒寒若；曰蒙，恒风若。"㉘

"曰：王省惟岁，卿士惟月，师尹惟日。"㉙

"岁、月、日，时无易，百谷用成，乂用明。俊民用章，家用平康。"㉚

"日、月、岁，时既易，百谷用不成，乂用昏不明，俊民用微，家用不宁。"㉛

"庶民惟星。星有好风，星有好雨。日月之行，则有冬有夏。月之从星，则以风雨。"㉜

"九、五福：一曰寿，二曰富，三曰康宁，四曰攸好德，五曰考终命。"㉝

"六极：一曰凶、短、折，二曰疾，三曰忧，四曰贫，五曰恶，六曰弱。"㉞

注　释

①**武王胜殷，杀受，立武庚**——武王：指周王姬发；受：殷纣王之名。按纣王本非武王所杀，据《史记·殷本纪》载："甲子日，纣兵败。纣走，入登鹿台，衣其宝玉衣，赴火而死。周武王遂斩纣头，悬之大白旗。"武庚：殷纣王的儿子。为了安抚殷人，周武王将他立作殷商的后代，并封他为诸侯，臣属于周。**以箕子归，作《洪范》**——箕子：殷纣王的叔父，一说是纣的庶兄，名胥余，在殷商官至太师，封子爵。封地在箕，故称箕子。从体例及下文看，以上自"武王胜殷"至"作洪范"一段话应是《尚书》成书时编者所加的序言。

②**洪范**——《孔传》："洪，大；范，法也，言天地之大法。"

③**惟十有三祀**——惟：发语之词，无义；有：音、义同"又"；祀：年，本是殷商纪年的惯用词，周代则称"年"。据说因为《洪范》系箕子所作，箕子是殷商旧臣，习用殷纪，且示不忘本朝，故用"祀"。十有三祀，指周文王建国后的第十三年，时当周武王四年，灭商后的第二年。

④**惟天阴骘下民**——阴：通"荫"，有"庇"、"佑"、"赐福"的意思；骘(zhì)：《说文解字》："牡马也。"马融说："升也，升犹举也，举犹生也。"综合而言，有"创造"、"繁殖"的意思。**相协厥居**——协：谐和；居：生活。**彝伦攸叙**——彝(yí)：常规、规律；伦：伦理、纲常；攸(yōu)：所；叙：次序，条理。

⑤**鲧陻洪水**——陻(yīn)：亦作堙，堵、塞；**汩陈其五行**——汩(gǔ)：扰乱；陈：次序；其：物主代词，意为上天的。**不畀洪范九畴**——畀(bì)：给予；畴：范围，种类。**彝伦攸斁**——斁(dù)：败坏、没落。

⑥**禹乃嗣兴**——嗣：继承，指禹继承父业，治理洪水。**天乃锡禹洪范九畴**——锡：赐给。

⑦**初一，曰五行**——初：开头；一：第一个。初一，犹现代说第一（件、条）。**次二**——次：次序，第……，次二即第二。**敬用五事**——敬：此处作"认真"、"严肃"解。**农用八政**——农：勉力，努力，加强。**协用五纪**——协：协调。**乂用三德**——乂(yì)：治理。**念用庶征**——念：此地作"领悟"解，指领悟上帝的意旨。**响用五福**——响：诱导、劝勉，指鼓励臣民向善。

⑧**一曰水**——曰：此地作"是"解。**水曰润下**——润：滋润；下：向下，指水往低处流的特性。**火曰炎上**——炎：燃烧。**木曰曲直**——曲直——可曲可

直。**金曰从革**——从：听从，指听从人的意志；革：变革。**土爰稼穑**——爰：则，就；稼穑：《孔传》："种曰稼，敛曰穑。""敛"指秋收。**润下作咸**——作：变出、产生。作咸（xián），《孔传》"水卤所生"，《正义》"水性本甘，久浸其地，变而为卤；卤味乃咸"。**炎上作苦……**——以下"作苦"、"作酸"、"作辛"，都是从火、木、金等的变化总结出来的特点。按这段话大约有三层意思：第一举出"五行"这五种基本物质的名称；第二指出这五种物质不可移易的本性；第三，说明在一定条件下，五种物质发生变化的特点。

⑨**一曰貌……五曰思**——貌：态度；言：言行的省文；视、听：指观察了解事物；思：指思考、谋划。**貌曰恭……思曰睿**——恭：恭敬，谦恭；从：《孔传》："是则可以"，有说话要通情达理的意思；睿（ruì）：聪颖、敏捷。**恭作肃……睿作圣**——肃：心敬为肃；晢（zhé）：亦作"晰"，明察。《正义》："视能清审，则照了物情，故视明致照晢也；"圣：《孔传》："于事无不通谓之圣。"

⑩**一曰食……八曰师**——食：古籍中常以"食"概括衣食，这里则单指粮食；货：财货，指商业财政；祀：祭祀，这在古代是一大政务；司空：民政、户口、交通；司徒：教育；司寇：司法、治安；宾：礼宾，包括诸侯朝觐和外事谈判、会盟的安排、接待工作；师：军务，又称，"司马"。

⑪**五纪**——纪：通"记"、"计"，此处指天文工作，五纪，即五种天文工作。**五曰历数**——历数：《正义》："算日月行道所历，计气朔早晚之数。"

⑫**皇极**——皇：王、天子；极：《蔡传》："犹北极（北斗）之极，至极之义，标准之名，中立而四方所取正者也。……而无一毫过不及之差，则极建矣。"故"皇极"不是一般意义的"皇权"，它的特定内容是指天子在两方面拥有的绝对权威：1. 至高无上的统治权力；2. 至神至圣的真理标准。**敛时五福**——敛：集中；五福：见"九，五福"。**用敷锡厥庶民**——敷：布；锡：赐给。**惟时厥庶民于汝极**——惟：只有，正是；时：这，这样。**锡汝保极**——锡汝：给你（天子）；保：保卫，拥护。

⑬**凡厥庶民，无有淫朋**——民：《尚书》中的"民"，有时专指奴隶，有时又用以概称"君"统治的对象，即全体臣民，这里应取后一义；淫：此处作"邪恶"、"坏"解。**人无有比德**——比：勾结、串通。**惟皇作极**——只能以天子的皇权作自己言行的准则。

⑭**有猷、有为、有守，汝则念之**——猷：计谋、筹划。念：关注、注意。**不协于极，不罹于咎，皇则受之**——协：合于；罹：陷于；咎：罪过。《蔡传》对此解释为："未合于善，不陷于恶"；受：容忍、接受、忍受。**而康而色，曰予攸好德**——《蔡传》："见于外而有安和之色，发于中而有好德之言"，康：安

祥、祥和。**汝则锡之福**——对"攸好德"的人，天子赐之以福。**时人斯其惟皇之极**——时人：这些人；斯：就，将。

⑮**无虐茕独，而畏高明**——茕独：《孔传》："茕，单，无兄弟也；无子曰独；"高明：前代学者，多认为是指权贵，如《正义》："高明，谓贵宠之人"，苏轼、归有光等均主此说。但衡之文义，似不尽然，因为贵宠之人，无非由于天子的宠信而贵，对他们，天子不会有什么畏惧。按"高明"在古籍中更多的时候是指上天，如《礼记·中庸》第二十六章："博厚所以载物也，高明所以覆物也"，就是地载天覆的意思，博厚指地，高明指天。因此"无虐茕独，而畏高明"一句应是"虐待孤寡者，须谨防上天的惩罚。"

⑯**人之有能有为，使羞其行**——人：指属于奴隶主阶级的自由民；羞：完善，进一步提高；行：德行。**而邦其昌**——而，物主代词，你的；其：时态副词，将；昌：昌盛，兴旺。**凡厥正人，既富方谷**——正人：《孔传》谓为"正直之人"，《蔡传》说是"在官之人"，孙星衍《尚书今古文注疏》则说是"在位之正长"。各说虽略有差异，但仍可据以确定指的是各级官吏；方：并，以及；谷：禄，爵禄。**时人斯其辜**——辜：罪过。**其作汝用咎**——咎：过错。

⑰**无偏无陂**——不偏不倚，陂（bì）：不正。《孔传》："偏，不平；陂，不正"。**无有作好……无有作恶**——不能有个人的好恶。**王道平平**——平（pián）：治理。《孔传》："言辩治"。**无反无侧**——反：违背；侧：倾斜，引申为"偏差"。**会其有极，归其有极**——会：聚合；归：归宿；两个"有"都是语助词，无义。

⑱**曰：皇极之敷言，是彝是训，于帝其训**——曰：《孔传》："曰者，大其义"，类似现代汉语中所说的："必须强调指出"；敷：阐述；是彝是训：《蔡传》："是天下之常理，是天下之大训。"彝：指常规；训：训令、指令，此处可解作法律规定；于帝其训：上帝的意旨和命令。这里的训，便当作"训令"解。

⑲**极之敷言**——极："皇极"的省文。**是训是行**——行：指行为应遵循的准则。**以近天子之光**——光：《孔传》："可以近益天子之光明。"

⑳**平康正直**——平康：指太平盛世；正直：《孔传》释为"正人之曲直"，《诗·小雅·小明》"好是正直"一句，《毛传》说："正直为正，正曲为直。"前人多将"正直"解作个人品德，但原文既和时势并言，则应看作政策上的"秉公持正"。**强弗友刚克**——强弗友，指奴隶起义频繁，阶级矛盾激化的"乱世"；刚克：以刚取胜，指加强镇压，即所谓"猛"。**燮友柔克**——燮友：指阶级矛盾趋于缓和的"治世"，燮（xiè）：和，《孔传》："燮，和也。世和顺，以柔能治之"；柔克：以柔取胜，指着重于怀柔和安抚，即所谓"宽"。**沈潜刚克，高明**

柔克——沈潜指地，高明指天。这句是说大地柔中有刚，上天刚中有柔，《孔传》："沈潜谓地，虽柔亦有刚，能出金石"；"高明谓天，言天为刚德，亦有柔克，不干四时"。

㉑**惟辟作福**——辟：这里指天子。**其害于而家，凶于而国**——而：此处均作物主代词，你的；家：皇室。**人用侧颇僻，民用僭忒**——人：属于奴隶主阶级的人们，包括自由民和一般官吏；用：于是，就；侧：不正；颇：过分，越轨；僻：邪恶，营私舞弊；民：此处指奴隶；僭（jiàn）：逾越、不守本分；忒（tè）：通慝，指包藏祸心，犯上作乱。

㉒**择建立卜筮人**——卜：用龟壳卜卦；筮：用蓍草占测。二者都是预测吉凶的方法。

㉓**曰雨，曰霁，曰蒙，曰驿，曰克，曰贞，曰悔**——前五种是用龟壳卜卦的卦名；后两种是用蓍草占卦的卦名。通过对这些卦名的推演解释，以定吉凶。如霁，郑玄说："霁，兆之光明，如雨止云气在上也"。**衍忒**——衍：演算，推演；忒：变化。

㉔**立时人作卜筮**——时：这些，时人即指选定的专管卜筮的人。《孔传》："立是知卜筮人使为卜筮之事。"**三人占，则从二人之言**——占：此处作动词，指进行龟卜和筮占。此句是说在卜、占中以多数所得之一致结果为准。

㉕**汝则有大疑，谋及乃心**——则：如果；乃：你的（天子的）。**汝则从**——从：同意。**龟从，筮从**——龟、筮，此处指卜、占的结果。**子孙其逢吉**——逢：大。

㉖**卿士逆**——逆：不同意，反对。**用静吉，用作凶**——静：不采取行动；作：采取行动。《孔传》："安以守常则吉，动则凶。"

㉗**庶徵**——指反映上帝意志的各种征兆。**曰雨，曰旸，曰燠，曰寒，曰风**——旸（yáng）：日照、阳光、天晴；燠（yù，又读 ào）：炎热。雨、旸、燠、寒、风，是用以觇验征兆的五种自然现象。**曰时**——指上述五种自然现象的正常状况都应当是适时适度的。《孔传》："五者各以其时，所以为众验。"**五者来备，各以其叙**——来：出现；备：齐全，适度；以：按；叙：次序、规律。**庶草蕃庑**——庶草：指各种农作物；蕃：生长，繁殖；庑（wú）：同芜，郁郁葱葱之貌。**一极备，凶；一极无，凶**——一：上述五种自然现象中的任何一种；极：过分；极备，指过多，极无，指极端缺乏。

㉘**曰休徵**——好征兆。休：吉祥，美好。**曰肃，时雨若……曰圣，时风若**——肃、乂、晢、谋、圣，是五种吉祥征兆的名称。如"曰肃，时雨若"的意思是说，上帝示意，如果人间办事恭敬、认真，谨严不误，上帝就会赐以均匀的雨水以

嘉奖之。肃：恭敬，谨严；时雨若：雨水适时适度。**咎征**——不好的征兆。**曰狂，恒雨若，……曰蒙，恒风若**——狂、僭、豫、急、蒙：五种不好的征兆的名称。如"曰狂，恒雨若"，是说如果人间办事狂悖、错乱，上帝就会降淫雨成灾以示惩罚。狂：悖谬、错乱；恒雨若：恒，长久，固定不变，恒雨就是久雨不住。

㉙**王省惟岁**——天子的过失反映在全年的咎征上。省：同眚，过失。以下各句文意依此类推。**师尹惟日**——师尹：指卿士以下的各级官吏。师：此处作"众"解，尹：正，官员。

㉚**岁、月、日，时无易**——指全年风调雨顺，没有发生不正常的情况。无易：没有发生不正常的变化。**百谷用成，乂用明，俊民用章**——民：此处作"臣民"解；章：即彰，彰明，意思是得到提拔重用。

㉛**俊民用微**——微：隐，埋没，指不获任用。

㉜**庶民惟星**——黎民百姓只不过是星。**星有好风，星有好雨**——好：喜欢，爱好。《孔传》"箕星好风，毕星好雨"。箕、毕都是星名，均为二十八宿之一。**则以风雨**——就会因此而风雨无常。这几句话的意思是说：黎民百姓无非是拱月的众星，他们的功过与庶征无关。

㉝**五曰考终命**——考：老；终命：终年。考终命：足享天年，得到善终。

㉞**六极**——极：此地同殛，惩处。古"殛"或作"极"。**一曰凶、短、折**——凶、短、折都是短命的意思。细分，则幼年、童年死亡叫"凶"，未满二十岁而死叫"短"，满了二十岁尚未结婚就死叫"折"。

今　译

《尚书》序：

周武王灭掉殷商，处死纣王，立纣王之子武庚为商朝后裔，并册封其为周朝的诸侯，然后请回殷朝的太师箕子，制定了这部法典。

周朝纪元十三年，武王拜访了箕子，并和他进行了以下的谈话。

周王说："啊，箕子！上天广施福泽，缔造万民，并赐以常生之资，使之和谐相处。请问应当如何掌握人间的纲常，才能上合天意？"

箕子回答道：

据我所知，先前鲧用堵塞之法治水，扰乱了上帝的五行，于是上帝震怒，没有把《洪范》这部九章大法恩赐给鲧，因而人间的纲常沦于混乱。后来，鲧被处死，其子禹继承父业，治水成功，上帝才将《洪范》九章大法恩赐给禹，人间的纲常才归于正常。

这部大法的九章是：第一，五行；第二，认真提倡五项道德修养；第三，加强八个方面的政务；第四，统一历法的五条标准；第五，建立天子的绝对权威；第六，正确执行治国的三种政策；第七，确定运用卜筮以决疑难的制度；第八，观察和掌握各种征兆；第九，以五福赏善，以六罚惩恶。

第一章 五行

一是水，二是火，三是木，四是金，五是土。水性滋润向下；火性炎热向上；木性可曲可直；金性可熔可铸；土性可种庄稼。滋润向下的水可以形成咸味；炎热向上的火能发出烧焦物质的苦味；可曲可直的木能结出带酸的果实；可熔可铸的金含有特殊的辛辣气味；庄稼长出的五谷则是甘美可口的。

第二章 五项道德修养

一，态度，二，语言，三，观察，四，听闻，五，思考。态度要恭谨，语言要和气，观察事物要清楚，听取意见要敏锐，思考问题要明智。态度恭谨则办事严肃，语言和气则上下敦睦，观察清楚则聪明能干，听取意见敏锐则多谋善断，思考明智则万事通晓。

第三章 八种政务

一是农业生产，二是商业财政，三是祭祀典礼，四是民政、户口、交通，五是教育文化，六是司法、治安，七是礼宾、外事，八是国防、军事。

第四章　五项纪时工作

一是纪年，二是纪月，三是纪日，四是观察星辰天象，五是校正历法。

第五章　皇权至上

树立天子的绝对权威，使之尊如北斗，天子要集中使用赏赐五福的大权，以奖励臣民尊崇天子，拥戴皇权。

全体臣民都不得拉帮结伙，互相串通，任何人都必须以维护天子的无上权威作为言行、思想的准则。

天子应当经常注意臣民们在想什么，做什么，维护的是什么。对于那些虽然不完全符合皇极准则，但尚未构成罪恶的行为，可以宽容不究，对于遵奉皇极，言行一致，表现良好的人，应当赐以富贵。这样才可以使全体臣民拥戴天子，遵奉皇权。

任何人不得虐待鳏寡孤独，须知上帝不容，谨防天罚。

对于有才有德之士，须促进他们不断提高，国家才会昌盛。大小官吏，既受朝廷爵禄，自当效忠王事，若对朝廷无所贡献，就是罪过。对于德才不好的人，不宜录用，若给这种人赐以富贵，便是过错。

全体臣民，均应不偏不倚，遵守皇权的原则，要戒绝个人好恶，摒弃私心杂念，服从天子的指引。王道是广阔平坦的康庄大道，容不得结党营私，心怀偏见；王道是最公平、正直的制度，不会发生任何偏差和失误。所以全体臣民必须象群星拱奉北斗那样，拥护皇权，归属于皇权。

必须强调指出，上述对皇权的解释，既是道德规范，又是法律条文，这是上天意志的体现。全体臣民必须以此为言行的准则，只有这样,才能得到王道的光辉普照。总之,天子是全体臣民的父母,是普天之下的最高统治者。

第六章 三种方针政策

一是秉公持正,二是加强镇压,三是实行安抚。太平盛世,只须秉公持正;动乱不安之世,必须加强镇压;由乱到治之世,应以安抚为主。执行政策要象大地柔中有刚,上天刚中有柔一样。

只有天子才能专行赏罚,只有天子才能锦衣玉食,诸臣百官不得掌握施赏行罚的大权,不得享受锦衣玉食。诸臣百官如果擅行赏罚,随意享受锦衣玉食,则于皇室不利,于国家有害,臣下就会越轨妄行,奴隶更将犯上作乱。

第七章 占卜决疑

朝廷选择适当人员,掌管龟壳卜卦和蓍草占课的工作。

卜占的征兆有七种,其中卜象五种,定名为:雨(龟壳纹理如雨,预示所卜之事将如雨如水之继续)、霁(龟纹如雨止云散,象事将见明朗)、蒙(龟文如云霾状,象事幽暗不明)、驿(龟纹断断续续,象事周折不顺)、克(龟纹交错,象事生克取胜)。占象有二,定名为:贞(正向)、悔(倒向)。通过上述征兆的推衍变化,断定吉凶。

占、卜应由上述专职人员进行,并以多数一致的占、卜结果为准。

凡遇重大疑难问题,除天子自己慎重考虑外,要征求公卿大夫、庶民百姓和卜、占几方面的意见。如果天子、占、卜、公卿大夫和庶民百姓的意见都一致,就称为"大同",定主天子健康长寿,子孙昌盛,万事如意。如果天子和卜、占赞同,公卿和庶民百姓反对,事情同样吉利可行。如果公卿大夫、卜、占同意,天子和百姓不同意,也主办事顺利。如果百姓和卜、占同意,天子和公卿大夫反对,仍属吉利。如果天子和龟卜同意，而筮占、公卿大夫和庶民百姓都反对，那就注定对内（如祭祀、婚丧）吉利，对外（出兵、征伐）不吉利。如果龟卜、筮占一致，而与人的意见相反，那就表示最好安静自守，不宜轻举妄动。

第八章　各种征兆

五种征兆是指雨水、阳光、炎热、寒冷、和风。如果这五者都顺应时令、合乎规律地出现，就会草木茂盛，五谷丰登。如果其中任何一项过度或者欠缺，都是不吉利的。

吉祥的征兆有：雨水均匀，表示人君办事谨严；日照熙和，表示国家政治清明；暑温适度，表示朝廷英明贤能；寒冷适时，表示君臣谋断正确；时风和畅，表示天子圣德四播。

凶险的征兆有：淫雨成灾，反映人君办事悖谬；久旱长晴，反映施政失度；高温奇热，反映朝野怠忽；寒冷异常，反映决策急躁；狂风违时，反映昏庸当道。

天子如有过错，就会全年出现凶兆，公卿大夫如有过错，就会整月或连续几月地出现凶兆，其他各级官吏如有过错，则只在一天或若干天里出现凶兆。

天子、公卿、百官无过，全年风调雨顺，自然会五谷丰登，政治清明，贤才显用，皇室安宁。

君臣百官有过，因而风雨失调，灾异迭起，必然五谷歉收，政治昏乱，贤才埋没，皇室不安。

黎民代表群星，因而与征兆无关。因为百姓就象群星一样，各有所好，如箕星喜欢刮风，毕星喜欢下雨，而春夏秋冬的交替是靠日月的运行决定的。如果月亮追随群星，那么有的要风，有的要雨。就无所适从。

第九章 五福和六祸

上帝赏善的五福是：一长寿；二富贵；三健康平安；四使有高尚道德；五乐享天年，得以善终。

上帝惩恶的六祸是：一短命；二疾病缠身；三忧患；四贫穷；五丑陋恶劣；六衰弱卑贱。

书　后

《洪范》是《尚书》中极为重要的一篇。但过去的研究者多把《洪范》看成是一篇哲学著作，对其中的哲学思想发挥甚多，而对它的法学价值的发掘、探讨还很不够。

一

从法制史的角度来看，《尚书·洪范》有极丰富的法学内容，甚至可以说《洪范》是中国奴隶制国家一部带有宪法性质的纲领性的法典。这个提法似乎很新颖，其实细看前代学者对《洪范》的评价，已有类似的看法，只不过他们没有用"宪法"这个术语把它概括出来罢了。

首先，我们研究一下《洪范》的篇名。

《尔雅·释诂》说："洪，大也；""范，法也。"简单明了，"洪范"就是"大法"。当然，这里的"法"可以理解为一般的"法则"、"规律"，未必专指"法律"。那么，我们再看看前代学者的某些解释。

《孔安国传》说："洪，大；范，法；言天地之大法。"又说："所以恢弘至道，示人主以规范也。"既然"示人主以规范"，可见不仅是自然规律，而且是属于社会政治领域的事了。"规范"一词的法律含义更是十分明确,在现代法学中仍被广泛使用。

朱熹论《尚书·洪范》时说《洪范》是"大纲目","天下之事,其大者,大概备于此矣。""今人只管要说治道,这是治道最紧切处。这个若理会不通,又去理会什么零零碎碎"(《朱子全书》卷三十四)。治道,即治国之道,治道最紧切处,即管理国家的关键问题、要害问题。

吴澄说:"洪,大也;范,如金之有范也。其纲九,其目五十;天下之道,包罗无遗,故曰:'洪范'"(王巨源:《书经精华·洪范》)。吴澄的话与朱熹的话大同小异,朱熹强调《洪范》的重要,吴澄强调《洪范》的全面、包罗无遗。但不管怎样,上面所引的几段前人的论述都肯定了《洪范》是统治者用来管理国家的一部重要、全面、带有纲领性的法典。

仅从对篇名的研究,得出《洪范》就是宪法是不足为据的。下面我们不妨再从《洪范》的结构、体系作进一步的探讨。

《洪范》开头有几句话:"武王胜殷,杀受;立武庚。以箕子归,作《洪范》。"在旧时的木刻板中,这段话通常被叫作《序》,并用小字刻印。这不是《洪范》的正文,而是《尚书》成书时的编者按语,所以标题《洪范》二字在这段话之后。正文的头一段,即从"惟十有三祀,王访于箕子"起,到"天乃锡禹洪范九畴,彝伦攸叙",是这部法典的"序言",连同正文前的"编者按",它简叙了这部法典制定的时间、过程、原因及主持者。这和现代各国宪法都有序言部分也正相似。

紧接"序言"的九条,即"初一,曰五行,次二,曰敬用五事,次三,曰农用八政,次四,曰协用五纪,次五,曰建用皇极,次六,曰乂用三德,次七,曰明用稽疑,次八,曰念用庶征,次九,曰响用五福,威用六极"一段,是这部宪法的"总则",它提要列举,说明本法分为以下九章。以下则分为九个专章,全面地规定了奴隶制国家的指导思想、社会制度、政治制度、国家机构及公职人员的活动原则、社会各等级的权利义务等重大原则。

《洪范》全篇凡1040余字,有序言,有总纲,有分则,纲目分明,结构严谨,体系完整,用语简洁,条文性强,具有法典的特征。朱熹对于《洪范》的结构、体系有如下一段论述:"九畴之序,顺言之,则五行为始,故五行不言用,乃众用之所自出;错而言之,则皇极为统,故皇极不言数,乃众数之所由该。以五行为始,则由一至九,愈推愈广,大衍相乘之法也;以皇极为统,则生数主常,成数主变,太极动静之分也。"(《朱子全集》卷三十四)这段话有些唯心主义的色彩,姑置不论,但它至少说明了两点:第一,"始",就是"由","从","根源","根据","五行为始",就是说五行学说是这部大法的指导原则和理论根据,是"众用之所自出",属于意识形态部分;第二,"统"即统帅,是统治阶级的根本利益和根本要求所在。"皇极为统",说明维护至高无上的君权统治,是《洪范》宪法的根本主旨,九畴之法都是为这个目的服务的。实际上,"皇建其有极"一章就是关于国体和政体的规定。"皇极"既然如此重要,但却不放在首章、次章,而放在第五章,这似乎有点不合一般宪法的体例。对此,蔡沈解释说:"首三畴以天而推之于人,次三畴以人而合之于天;终三畴人感天应。而'皇极'乃其主而居中也。"(蔡沈《书集传》)这就是说,不管天推于人也好,人合于天也好,最重要的还是那神圣不可侵犯的君权统治。如果蔡氏之说得以成立,《洪范》的制定者在安排篇章顺序时,倒是煞费苦心的。

中国正式有立宪始于1908年清光绪之《钦定宪法大纲》的颁发。因此,我们说《洪范》是宪法,决不是说它已具有现代宪法的全部特征。比起近代资产阶级的宪法来,它无疑要简陋、粗疏、原始得多,但它又的确不同于中国封建社会的任何一部刑法典,包括上起《法经》,下至清律。《洪范》不涉及定罪量刑的具体问题,而是对整个国家的政治、文化、经济的原则规定,所以,我们说《洪范》是一部具有宪法性质的法典恐不为过。

二

《洪范》的制作者为什么要把五行学说作为这部法典的指导思想呢?这须从五行说的起源说起。

《尚书大传》中有这样一段记叙:"武王伐纣,至于商郊,停止宿夜,士卒皆欢,乐以达旦,前歌后舞,假于上下,咸曰:'孜孜无怠。水火者,百姓之所饮食也;金木者,百姓之所兴生也,土者,万物之所资生也,是为人用。'"这一段话表明五行说是劳动人民首先创立的,大约在殷周之际,已广泛在民间流行,以至被谱入歌曲,连周武王的下级士卒(其中当有不少是奴隶)也能在前沿阵地同声歌唱。把这一段话和《洪范》中对五行的叙述作一对比,就会发现其间的不同是颇为微妙的。《洪范》对五行说的是"一曰水,二曰火,三曰木,四曰金,五曰土。水曰润下,火曰炎上,木曰曲直,金曰从革,土爰稼穑。润下作咸,炎上作苦,曲直作酸,从革作辛,稼穑作甘。"似乎只是客观介绍,未置褒贬。诚如孔颖达在《尚书正义》中所说:"此章文有三重:第一言其名,第二言其体性,第三言其气味。"但在序言部分却有一段妙文:"箕子乃言曰:'我闻在昔,鲧陻洪水,汩陈其五行;帝乃震怒,不畀洪范九畴,彝伦攸斁。鲧则殛死,禹则嗣兴;天乃锡禹洪范九畴,彝伦攸叙。……"从上述两段话中可以看出:百姓心目中的五行是五种客观存在的物质,是百姓饮食居止依靠的资源;《洪范》中所说的五行是上帝手中的工具,是祸福休咎的象征。鲧因为用堵的办法治水,"汩陈其五行",违背了上帝的五行规律

("其"应作物主代词,即"上帝的"讲)不但自己身败名裂,遭致极刑,而且引起上帝的震怒,拒不批准把洪范九畴赐给人间,因而尘世伦常乖违,秩序混乱;大禹治水得法,合于上帝的五行之道,上帝很高兴,就把洪范九畴赐给了禹。可见,五行和洪范之间有着直接的因果关系。五行顺而洪范生。来自民间的朴素的唯物主义观点,经过《洪范》作者的加工整理,改头换面,成了君权神授的理论根据。

我们知道,殷周之际,原先的天道观发生了一次危机,一方面,对老天爷的抱怨、憎恨情绪,不仅在苦难深重的奴隶平民中广泛产生,而且波及到部分没落的贵族阶层,从"浩浩昊天;不骏其德"(《诗经·雨无正》)的埋怨到"时曷丧,予及汝偕亡!"(《汤誓》)的诅咒,都足以说明这一点。另一方面,商汤反桀,武王伐纣本身就否定了君权神授的神话,表明"天命无常,唯有德者居之"的新观点。不论是对传统观点的否定还是新形势的解释都需要创立一种适合新情况的理论。正象资产阶级的思想先驱者在资产阶级革命时期要提出"天赋人权"、"自由、平等"等口号一样,《洪范》的作者也提出了以五行为核心的天人感应学说。虽然这同样是一种君权神授的观点,和原先的天道观相比,无非是新瓶装旧酒,但也不是毫无不同。其中最关键的变化就在于把原先比较空泛、抽象的上帝赋予了人们看得见、摸得着的五种具体的物质形象。本来,在当时人们的心目中,金、木、水、火、土就是既能造福,又能降灾的,因而人们对它们总是怀着既神秘又敬畏的心理。现在《洪范》的作者说五行不是客观的自在之物,而是上帝掌握中的工具,显然,这不是降低了天的身价,而是提高了天的权威。

关于这一点,《洪范》序言中的另一段话说得很清楚:"……王乃言曰:'呜呼,箕子!惟天阴骘下民,相协厥居,我不知其彝伦攸叙。'"要理解这段话的真谛,首先得弄清阴、骘、相,三字的含义。

阴，《孔传》说："默也"，汉马融注："覆也"。其实，此处之阴，应作"荫"解，马融的"覆也"，差近原义。《诗·大雅·桑柔》"既之阴女（汝），反予来赫"一句中的"阴"，即取此义。《释名·释天》"阴，荫也"一条更可佐证。所以阴就是庇护、保佑，引申而为"恩赐"、"赐福"。骘，历代注疏家的解释也不尽一致。《史记》把它译为"定"，《孔传》也说："骘，定也"，孔颖达说："《传》以骘即质也，质训为成，成亦定义，故为定义。"即现在的"安定"之意。马融说："骘，升也，升犹举也，举犹生也。"《尔雅·释畜》云"牡曰骘"，《说文解字》云："骘，牡马也。"按六书理论来考察，骘应解为"生"，即缔造、赋予生命。相，历代注疏家多释为"佑"，"助"似无异说，但细按尚欠贴切。《荀子·成相》中有一句话大可发明此义："如瞽无相，何怅怅！"牵瞎子走路就叫"相"。牵者是主动的，瞎子是被动的，这和"惟作天牧"（替天放牧百姓）的"牧"似更相近。

讲通了这三个字，"惟天阴骘下民，相协厥居"一句话就应译为"上天赐福，创造了下界的臣民，并安排他们和谐、安定地生活。"简单一句话，提出了两个论断：一、世界和人类都是上帝创造的；二、人间的一切是上帝安排的。试把《洪范》序言的这一段话和1215年《英国大宪章》序言中的一段作一比较："朕受天明命，续承尊位，朝乾夕惕，唯恐失坠。我心孔忧，孰从安之？先帝威灵，孰从瞻之？凭何阴骘？福佑后嗣；以何嘉谟？归荣上帝。"二者实可谓异曲同工。

其实，对于《洪范》序言及五行之说的这种理解并非笔者首创。前辈学者早有发挥了。如孔颖达《正义》就说过："民是上天所生；形、神，天之所授，故天不言而默定下民；群生受气流形，各有性灵心识，下民不知其然，是天默定也……民有其心，天佑助之，令其偕合其生：出言是非，立行得失，衣食之用，动止之宜，无不禀诸上天，乃得谐合。失道则死，合道则生。言天非徒赋命于人，授以形体心识；乃复佑助，谐合其居业，使有常生之资。"这解释得何等清楚；人的一俯一仰、一饮一啄，都得请示上帝，由上帝决定。汉代的董仲舒则说得更为彻底："木生火，火生土，土生金，金生水，水生木，此其父子也。木居左，金居右，火居前，水居后，土居中央，此其父子之序，相受而布；是故木受水而火受木，土受火而金受土，水受金也。诸授之者，皆其父也；受之者皆其子也。常因其父以使其子，天之道也。是故木已生而火养之，金已死而土藏之；火乐木而养以阳，水克金而丧以阴，土之事火竭其忠。故五行者，乃孝子忠臣之行也。"（《春秋繁露·五行之义》）这真是一语破的，原来五行是有意志的神，五行之道就是君臣父子的规律。

三

现在我们来看《洪范》的统——皇极。

在《洪范》九畴中，皇极一章的写法与众不同：不仅字数最多，共253字；而且中间夹有一段有韵的文字，即"……无偏无党，王道荡荡，无党无偏，王道平平……"几句，《洪范》的起草者用诗一般的语言歌颂皇帝的伟大。即此也足以说明皇极一章在《洪范》中的地位和作用。

对于皇极二字，古学者的解释也不尽相同。《孔传》把皇极释为"大中之道，大立其中。"孔颖达宗之，疏道："皇，大也；极，中也。施政教，治下民，当使大得其中。……人君为民之主，当大自立其有中道"，所以现在有学者将"极"译为"最高原则"的。但朱熹的解释与此不同。他认为"今人将皇极作大、中解，都不是。皇有训大处，惟皇极之皇只当作'君'，所以说'遵王之路'，直到后面'以为天下王'其意可见。盖皇字下从王，皇极一章乃九畴之本。"（《朱子全集》卷三十四）

蔡沈说:"极,犹北极之极,至极之义,标准之名。中立而四方所取正者也。无不极,其义理之当然。而无一毫过不及之差,则极建矣"。(《书集传·洪范》)

朱、蔡的解释直截了当,毫不隐讳、掩饰,可谓深谙《洪范》的立法精神。汉穆拉比法典把国王称为巴比伦的太阳,《洪范》把皇帝比作众星拱卫的北极,都是古东方奴隶制君权神授法律化的典型。

《皇极》这一章内容丰富、具体,大略言之,有以下几点。

第一,皇帝的话就是法律,举国臣民必须一体遵照。"皇极之敷言,是彝是训,于帝其训。凡厥庶民,极之敷言,是训是行,以近天子之光。"蔡沈解释说:"非君之训也,天之训也。其理出乎天,言纯乎天,则天之言矣。"(《书集传》)蔡沈的解释正符原文旨意,天子金口玉言,出口成律,言出法随,但天子的话并非他个人的意志,而是上帝的意志,天子不过代天行事而已,百姓听从天子的话,也就是遵从上帝的训示。

第二,皇帝的信念就是最高的道德标准,举国臣民必须身体力行。"凡厥庶民,无有淫朋,人无有比德,惟皇作极。"在《洪范》形成的时代,"人"和"民",有着严格的界限,"民"属于被统治阶级,即指奴隶而言;"人"则指统治阶级。《洪范》在使用这两个词的时候,界限是十分明确的。这里所说的"民"不能有淫朋,人不应有比德,就是说一切奴隶、平民不得结朋为恶,心怀不满;一切统治阶级的分子也不准结党营私,怀有二心,不论是被统治阶级还是统治阶级,只能有一种道德信念,"惟皇作极",以天子的德范作为自己言行的准则。

第三,皇帝拥有生杀予夺,赐福降祸的绝对权柄。

"敛时五福,用敷锡厥庶民;惟时厥庶民于汝极,锡汝保极。"《洪范》第九章规定的五福是:寿、富、康宁、攸好德、考终命。五福俱全，当然是人人求之不得的事，但《洪范》皇极一章却说，五福不是凭人们主观努力所能获得的，必须靠天子的恩典。五福俱全，功在天子；五福有亏，咎在自己，有福的自应感恩戴德，报效朝廷，无福的也当反躬自省，立功补过，皇极自然就永无一失了。

恩赐五福，不仅是天子对一般臣民的恩宠，而且也是考核，升黜官吏的手段。"凡厥正人，既富方谷，汝弗能使有好于而家，时人斯其辜。"一切公卿官吏，既已荣获天子所赐的富贵俸禄，就必须尽忠竭力而且成效卓著（"有好于而家"），否则就是犯罪。对于那些道行高，有本事的人，应当委以重任，使他们为奴隶制国家的昌盛富强作出贡献，"人之有能有为，使羞其行，而邦其昌。"自然，对这些人赐以五福是天经地义的了，而对于那些没有德行的人，则不能滥赐以福："于其无好德，汝虽锡之福，其作汝用咎。"如果轻信他们，赐给了富贵权势，不仅他们自身无福消受，而且也将给整个国家带来灾害。

第四，君权神授的奴隶主统治是最理想的政治制度。

《洪范》皇极一章里用了一段诗一样的文字歌颂王道的公正、平等，即"无偏无陂，遵王之义；无有作好，遵王之道；无有作恶，遵王之路；无偏无党，王道荡荡；无党无偏，王道平平；无反无侧，王道正直。"这一段话有两层意思：一层言王道的浩荡宏大，公正、无私，对全体臣民一视同仁，是最美满的政治制度，一层言臣民对天子必须无限忠诚，不能有丝毫过激、偏颇的言行，更不能心存异端，意怀邪念。蔡沈的《书集传》云："王之义，王之道，王之路，皇极所由行也。"顾锡畴说："以其事物之当然曰道，以其为天下之共由曰路"（王巨源·《书经精华》）综合他二人的说法，即举国上下，必须同心协力，无偏无私，才能体现王道精神，而王道精神为"事物之当然"，"天下之共由"，是绝对真理，任何人不得违背的。

皇极一段的这四项规定,归结到一点,就是本段最后一句结论:"曰:天子作民父母,以为天下王。"这一条奴隶制国家的宪法原则,为后世遵奉,在中国封建社会里沿袭了几千年。

四

按朱熹的说法,洪范九畴除五行、皇极以外,都属于"用"的部分。从法律的角度讲,都是对具体事务的规定,相当于现代法典的分则部分。

综观属于"用"的七章,主要有以下四个方面的内容:一关于国家经济生活,主要是农业生产方面的规定。二关于国家机构及其职能的规定。三关于社会等级的规定。四关于道德规范的规定。

属于农业生产的规定,主要体现在"五纪"和"庶征"两章里。当时虽然手工业和商业已有一定的发展,但影响国计民生最重要的仍是农业生产,而农业生产又和时令节气关系极大,所以五纪首先规定以岁、月、日纪时的方法。中国的旧历(这里指的是以建寅为岁首的夏正,今谓之阴历)始于夏,故又称夏历,正是从劳动人民从事农业生产的实践经验中总结出来的。周正建子为天统,以夏之十一月为正月,但历法基本上沿用夏制。《洪范》把历法推算的方法视为天授,这和《尧典》中所说"钦若昊天,历象日月星辰,敬授人时"的思想是一脉相承的,即百姓的耕耘播收,必须严格遵循上帝赐予的历法。

古时统治阶级常把天灾与人祸并提。他们认为,只要天子圣明,就一定会风调雨顺,五谷丰登;圣上失德,必有灾异。所以庶征一章对休征、咎征在时令、气候上的反映规定甚详。雨、旸、燠、寒、风"五者来备,各以其叙,庶草蕃庑。一极备,凶,一极无,凶。"如果风雨、阳光、寒暑,五者齐备,而且顺应季节"岁月日时无易,百谷用成、乂用明,俊民用章,家用平康。日月岁时既易,百谷用不成,乂用昏不明，俊民用微，家用不宁。"这两段话都在说明，如果风雨、阳光、寒暑，五者齐备，而且顺应节令，那么岁月顺当，农业丰收，国家安稳，家道康宁；否则就会出现凶年歉收，国家也要大乱。

《洪范》认为年岁的丰歉和为政的得失有直接的关系。"王省（眚）惟岁，卿士惟月，师尹惟日。"天子有过，必然导致全年的晴晦寒暑失调，卿士分居列位，其过将导致一月的风雨不调，卿士以下的大小官吏，职位要低下一些，其过失的影响自然也小得多。这一节规定，一方面说明天子犯过之不易，因为全年风雨失调毕竟不多见，但另一方面也说明天子责任之重大，在当时的情况下，也可算是对君权的一种消极限制，能起到一些告诫天子促其为政谨慎的作用，后世某些皇帝在灾异迭起，气候反常之时往往下诏罪己，就是沿于"王省（眚）惟岁"这一规定。至于庶民，因为他们不是权利的主体，所以也就对年岁的休咎不承担法律上的责任。"庶民惟星。星有好风，星有好雨。日月之行，则有冬有夏，月之从星，则以风雨。"《孔传》说："箕星好风，毕星好雨。"孙星衍的《尚书今古文注疏》对此有详细的疏证。这段条文的大意是，庶民是星的象征，但星的性格不一，有的喜风，有的喜雨，而日月运行形成的四季是有规律的，无法听从庶民各种不同的意见，即是说庶民的功过对年岁是不发生影响的。从这里也可看出《洪范》处处打着奴隶制社会的阶级烙印。

关于国家机构和职能的规定，主要反映在八政、三德、六极及稽疑等有关章节里。八政规定了主管国家主要事务的中央机构：一曰食（农牧业生产），二曰货（手工业、商业），三曰祀（祭祀），四曰司空（户口、民政），五曰司徒（教育、文化）六曰司寇（治安、司法），七曰宾（礼宾、外交）八曰师（国防、军事）。由此可见，当时的国家机构已相当完备，后世各代的国家机构大都以此为基础进行增减变革。

国家机关在发挥职能时应当遵循一定的原则，按现代观念来解释就是政策和策略。这在三德一节里有明确的规定："三德：一曰正直，二曰刚克，三曰柔克。平康正直，强弗友刚克，燮友柔克；沈潜刚克，高明柔克。"

这一段文字比较费解，有必要先将其中的概念弄清。

有人把三德理解为三种品德，如把"正直"解释为"正者无邪，直者无曲"，说的是一种个人的修养，自为自在的正直。《孔传》释为"正人之曲直"，说的是对他人行为的矫正，有行为的客体。《诗·小雅·小明》有"靖共尔位，好是正直"之语，《左传·襄公七年》曾予引用并加以解释说："正直为正，正曲为直。"它将正、直二字分开，前者是指自身的修养，后者是指对他人行为的评断。"刚克"、"柔克"的克，马融释为"胜也"。故后世许多注疏家将"刚克""柔克"解释为"以刚（柔）克之""以刚（柔）制胜"。但细研原文，三德并非指个人品德修养，而是指国家进行统治的不同政策。这只要和后面所说的"平康"、"强弗友"、"燮友"相对照，其义就不难理解了。"平康"、"强弗友"、"燮友"都是对不同的政治形势的概括："平康"是指"天下太平"的盛世；"强弗友"是指阶级矛盾尖锐激烈，奴隶起义风起云涌的"乱世"；"燮友"，则是指阶级矛盾渐趋缓和，国家暂时相安无事的时候。而正直，刚克，柔克，就是指对不同形势制定的不同政策。正直是一种中正平和、不偏不倚的政策，刚克，柔克，实际上就是"从严""从宽"的意思。对此，孔颖达有一段很精辟的解释，他在《尚书正义》中说："此三德者，人君张弛之德有三也。……随时而用之。平安之世用正直治之；强暴不顺之世，用刚能治之；和顺之世，用柔能治之。"《孔传》也说："世平安，用正直治之"，"世强御不顺，以刚能治之"，"世和顺，以柔能治之"。可见，正直是守常之道，刚克，柔克，是处变之策。

但是，刚、柔，严、宽不是绝对的，必须严中有宽，宽中有严。所以"三德"又特别加上"沈潜刚克，高明柔克"。高明指天，沈潜谓地。天威临大地，属阳，属乾，是刚德（性）但它又有轻氲之气，熙和之风，刚中有柔；地孕育万物，属阴，属坤，是柔德（性），但又怀有金石之坚，柔中有刚。所以《孔传》说："地，虽柔亦有刚，能出金石"，"言天为刚德，亦有柔克，不干四时。"孔颖达也说这一段经文是："举天地之德以喻。""地之德沉深柔弱矣，而有刚能出金石之物也。天之德高明刚强矣，而有柔能顺阴阳之气也。"（《正义》）

把这一段经文和最后一段提到的"响用五福，威用六极"联系起来，可以认为宽严相济，恩威并用是《洪范》法定的国策。

卜、筮在奴隶社会有着极为重要的地位。《洪范》"稽疑"一章对卜、筮的论述不是一般的迷信活动，而是重大的国事活动，是国家机关一项重要的职能。"稽疑"一章不但慎重规定设立专职的卜筮人员，明确各种卦名，而且把通过卜筮决定国家大事的办法制度化、法律化。"稽疑"规定征求龟、筮、王、卿士、庶民五个方面的意见，是决定国事的必经程序，如果五方面意见全部一致，就是大吉；如果意见不一，则分别情况，或"吉"或"不吉"。同时还有"三人占，则从二人之言"，类似少数服从多数的规定。但在上述的五个方面中，表决的权利并不是平等的。"龟、筮共违于人，用静吉，用作凶。"如果卜、占的意见和人的意见相反，哪怕王、卿士、庶民都赞成，只是卜、筮反对也不能按少数服从多数的原则办，只好什么事也不作，一有行动便不吉利。这里再一次显现了《洪范》的神权色彩。

关于严格的等级制度，《洪范》里处处可见，如在"庶征"、"稽疑"里都把王、卿、士、庶民严格分开。其中，最突出的一段是"三德"一章中所说的，"惟辟作福，惟辟作威，惟辟玉食；臣无有作福、作威、玉食；臣之有作福、作威、玉食，其害于而家，凶于而国，人用侧颇僻，民用僭忒。"

"辟"是天子，"人"，指属于奴隶主阶级的自由民，"民"，则专指奴隶。这一段话的意思是说，只有天子才能作威作福，锦衣玉食，臣子不能享此特权，如果臣子竟敢作威作福，锦衣玉食，皇室就会受害，国家就要遭殃，百姓就会没上没下，背离纲常，而奴隶们也会不守本分，逾越常轨，以至犯上作乱了。

应当注意的是，"玉食"，不仅指天子个人的豪华生活，而是指皇室的经济特权，即奴隶主的私有制。因为如果单指吃得好，诸侯大夫也是可以锦衣玉食的。有权就有利，权为利设，利借权生。所以孔颖达解释说："政当一统，权不可分也。"只有巩固了奴隶主阶级的政权，才能确保奴隶主阶级的私有制。王巨源在《书经精华·洪范》中曾引了申时行的一段话说明这个关系。"皇建有极，则威、福、玉食自天子出；皇之不极，则威、福、玉食自诸侯出，自大夫出，必然之势也。自天子出，则国不异政，家不殊俗；自诸侯大夫出，则害于家而凶于国，亦必然之势也。"

据《左传·昭公七年》载，我国春秋以前的奴隶社会的等级制度为"王臣公，公臣大夫，大夫臣士，士臣皂，皂臣舆，舆臣隶，隶臣僚，僚臣仆，仆臣台。"其中士以上为奴隶主阶级，皂以下为奴隶阶级。这比罗马法以及巴比伦、雅典等奴隶制国家的法律关于等级制度的规定远为缜密、严格。《洪范》虽然没有详细写出"人有十等"的具体等级，但却把公开不平等的原则上升到了法律的高度。

关于道德规范的规定，主要在"敬用五事"一段："五事：一曰貌，二曰言，三曰视，四曰听，五曰思。貌曰恭，言曰从，视曰明，听曰聪，思曰睿。"

中国奴隶制国家一开始就非常重视道德规范在统治中的作用。后来经过儒家政治家的丰富发展形成一整套以德治、仁政为中心的统治方法。历代封建统治者有的以忠昭天下，有的以孝治天下，都说明执政者对道德规范的重视，而在这方面，《洪范》有着巨大的影响。

"敬用五事"，说的是不论统治者和被统治者都必须恭敬、虔诚地进行貌、言、视、听、思五个方面的道德修养。王安石说过："五事，人所以继天道而成性者也。"（王安石：《洪范传》）朱熹在论及五事时说"五气运行而人秉之以成形，故有五事。"《书集传》引李氏说："故天下事皆由此出，夫是以用之必敬也。"张栻说得更简要："《洪范》之要，在敬而已"（王巨源《书经精华》）。可见五事在《洪范》中的地位。天子"敬用五事"就是圣君，臣僚"敬用五事"可作贤臣，庶民"敬用五事"便算良民。

从表面看来，"敬用五事"是对全体社会成员而说的，不分等级，一视同仁。实际上，正如提倡忠孝治天下的皇帝可以靠篡杀得位一样，"敬用五事"往往只是对被统治阶级的片面要求。比如"貌曰恭，言曰从"，恭敬而顺从，显然不是天子对庶民的态度，而是庶民对天子的义务。只要庶民百姓对"五事"信以为真，对皇极服服帖帖，循规蹈矩，统治阶级就可以省去不少气力。在这方面，精神统治的力量远远超过严刑峻法。

五

综上所述，可以认为，《洪范》是我国奴隶制国家一部带有宪法性质的纲领性的法典。但我国的奴隶制从夏即已形成，《洪范》究竟是哪个朝代的产物呢？这个问题，各家说法不一。传统的说法认为《洪范》是西周初年的产物，即如《洪范》序言所说的"惟十有三祀"——西周建国后的第十三年。近世学者则有人说是战国后期所出的。这两种说法似乎都还有值得商榷之处。考之史籍，笔者意见，

《洪范》当问世于春秋初期,且较《周易》略早。

一、《左传》引述《洪范》的共有三处:

文公五年(公元前622年):"《商书》曰'沈渐(今本作潜,意同)刚克,高明柔克。'"

成公六年(公元前585年):"《商书》曰:'三人占,从二人。'"

襄公三年(前570年):"《商书》曰:'无偏无党,王道荡荡。'"

可见,公元前622年,《洪范》已经成为人们引为论据的经典文献,则它自然应该在公元前700年左右,即春秋初期就已问世的了。

二、《洪范》第七章"明用稽疑",专门规定了占、卜事项,章内占、卜并提。我们知道,龟卜在商朝甚为流行,周朝未衰,但用蓍草占卦的"筮",则是进入周朝以后才出现的。《洪范》中对卜筮规定得十分具体、完备,似不太可能在周朝便已作到。另外,《周易》是专论卜、筮的著作,它至少产生于公元前七世纪。因为《左传》、《国语》两书中提到《周易》的地方共有二十二处。其中叙明早于公元前七世纪的十处,前七世纪至六世纪的十一处,最近的一处不迟于前四世纪。这就是说,《周易》的问世早于公元前七世纪,然而《洪范》第七章在规定卜筮制度时却只字未引卜筮的专著《周易》。由此,似可推论《洪范》略早于《周易》。那么,说它至少诞生于春秋初期,即公元前722年左右,应该说是言之有据的。当然,这只是一孔之见,还不能否定它有可能诞生得更早一些。

在那样早的时代就产生了这样一部有"始",有"统",有"用",缜密完备的大法,这不能不是我国法制史领域里一个值得研究的课题。

康　诰

原　文

康　诰①

（以上略）

王若曰："孟侯、朕其弟，小子封！"②

惟乃丕显考文王，克明德慎罚，不敢侮鳏寡。庸庸，祗祗，威威，显民。③用肇造我区夏。越我一二邦以修，我西土惟时怙冒。④闻于上帝，帝休。天乃大命文王，殪戎殷，诞受厥命，越厥邦厥民，惟时叙。乃寡兄勖，肆汝小子封在兹东土。"⑤

王曰："呜呼，封，汝念哉！今民将在祗遹乃文考，绍闻衣德言。往，敷求于殷先哲王，用保乂民。汝丕远惟商耇成人，宅心知训。别求闻由古先哲王，用康保民。⑥弘于天。若德裕乃身，不废在王命。"⑦

王曰："呜呼，小子封！恫瘝乃身，敬哉！天畏棐忱，民情大可见，小人难保。往，尽乃心，无康好逸豫，乃其乂民。我闻曰：怨不在大，亦不在小，惠不惠，懋不懋。"⑧

"已，汝惟小子！乃服惟弘王，应保殷民。亦惟助王宅天命，作新民。"⑨

王曰："呜呼，封！敬明乃罚。人有小罪，非眚，乃惟终，自作不典，式尔，有厥罪小，乃不可不杀。乃有大罪，非终，乃惟眚灾，适尔，既道极厥辜，时乃不可杀。⑩"

王曰："呜呼，封！有叙，时乃大明服，惟民其勑懋和。若有疾，惟民其毕弃咎。若保赤子，惟民其康乂。⑪"

"非汝封刑人、杀人，无或刑人、杀人。非汝封又曰劓、刵人，无或劓、刵人。"⑫

王曰："外事，汝陈时臬，司师兹殷罚有伦。又曰，要囚，服念五六日，至于旬、时，丕蔽要囚。⑬"

王曰："汝陈时臬事：罚蔽殷彝，用其义刑、义杀。勿庸以次汝封。乃汝尽逊。曰时叙，惟曰未有逊事。⑭"

"已！汝惟小子，未其有若汝封之心。朕心朕德惟乃知。"

"凡民自得罪，寇、攘、奸、宄，杀越人于货，暋不畏死，罔弗憝。⑮"

王曰："封！元恶大憝，矧惟不孝不友。子弗祇服厥父事，大伤厥考心；于父不能字厥子，乃疾厥子；于弟弗念天显，乃弗克恭厥兄；兄亦不念鞠子哀，大不友于弟。惟吊兹不于我政人得罪。天惟与我民彝大泯乱，曰乃其速由文王作罚，刑兹无赦。⑯"

"不率大戛，矧惟外庶子、训人，惟厥正人，越小臣诸节，乃别播敷，造民大誉，弗念弗庸，瘝厥君，时乃引恶，惟朕憝。已！汝乃其速由兹义率杀。⑰"

"亦惟君惟长，不能厥家人，越厥小臣外正。惟威惟虐，大放王命，乃非德用乂。⑱"

"汝亦罔不克敬典。乃由裕民，惟文王之敬忌。乃裕民曰：我惟有及，则予一人以怿。⑲"

王曰："封，爽惟民迪吉康。我时其惟殷先哲王德，用康乂民，作求。矧今民罔迪不适，不迪则罔政在厥邦。⑳"

王曰："封！予惟不可不监，告汝德之说于罚之行。今惟民不静，未戾厥心。迪屡未同。爽惟天其罚殛我，我其不怨。惟厥罪无在大，亦无在多，矧曰其尚显闻于天。㉑"

王曰："呜呼，封！敬哉！无作怨，勿用非谋非彝。蔽时忱，丕则敏德，用康乃心，顾乃德，远乃猷。裕，乃以民宁，不汝瑕殄。㉒"

王曰："呜呼！肆汝小子封：惟命不于常，汝念哉！无我殄享。明乃服命，高乃听，用康乂民。㉓"

王若曰："往哉！封，勿替敬典。听朕告汝，乃以殷民世享。㉔"

注　释

①**康诰**——康：指周武王的九弟，周成王的叔父姬封，即卫康叔；诰：告诫之辞，是《尚书》的文体之一。据《史记·周本纪》载：周公摄政期间，平定三监及武庚发动的叛乱后，"颇收殷余民，以封武王少弟封为卫康叔，"辖殷商故地，统治殷的遗民。《康诰》便是康叔上任前，周公对他的训勉之辞。

②**王若曰**——周公是代表周成王发表训词的。孙星衍在《尚书今古文注疏》中说："下称'王若曰'，居摄则称王，然仍是周公之言，故又称'朕其弟'也。"按："居摄"是指周公暂居其位而摄行（代行）其政，即《史记·周本纪》所说的"摄行政当国"，所以，孙星衍的意见是可以的。据此，译文将"王曰"径直译为"周公说，"以免混淆。**孟侯，朕其弟，小子封**——孟；长，老大，首席。孟侯即诸侯之长；朕其弟："我的弟弟，"康叔是周公的弟弟；小子：古时对年轻人的称呼，有表爱之意；封：康叔的名字。

③**惟乃丕显考文王，克明德慎罚**——乃：你的；丕：伟大，显：此处作"英明"解；克：致力，认真。**庸庸，祗祗，威威，显民**——庸庸：前一字为动词，"任用"之意，后一字为名词，指值得任用之人；祗祗、威威，也是同"庸庸"相同的结构。祗祗：尊敬那些应受尊敬的人；威威：镇压那些应被镇压之人；显民：《蔡传》："德著于民，"使庶民知恩感德之意。

④**用肇造我区夏**——用：因此；肇：开始，此处作"开创"解。**越我一二邦以修**——越：超过，引申为"发展到"；以：因而，因此；修：治理。**我西土惟时怙冒**——西土：指西周势力所及之地；时：此，指文王之道；怙：恃，引

申为"维护。""尊崇;"冒:覆盖,引申为"拥戴。"《孔传》:"我西土歧周,惟是怙恃文王之道,故其政教冒被四表。"《蔡传》:"馨西土之人,怙之如父,冒之如天。"

⑤**帝休。天乃大命文王,殪戎殷**——休:喜悦;殪(yì)《正义》:"杀也;"戎:征讨。殪戎是倒文,意即讨灭。**诞受厥命越厥邦厥民**——诞:大;命:天命,指上天授之以统治大权;越:通"于"。

⑥**今民将在祗遹乃文考**——遹:遵行;文:周文王。**绍闻衣德言**——绍:继承;衣:即依。**汝丕远惟商耇成人**——丕远惟:"深思熟虑"的意思。惟,此处作"考虑"解;耇(gǒu):高龄之人;成人:老成持重之人。**宅心知训**——宅心:《孔传》释为"常以居心,"《蔡传》释为"处心也,"都有"牢记在心"的意思;训:前人多释为"训民"、"治民",似不确。窥之文意,当解作"经验教训。"**别求闻由古先哲王**——别:另外、还要;古先哲王:泛指古之圣王明君,如唐、虞、夏、商之王。**用康保民**——康:前人释为"安"。用康,《孔传》:"用其安者",意指采用其中合于当今情况的。

⑦**弘于天**——弘:《蔡传》:"廓而大之也,"即发扬光大之意。**若德裕乃身**——德:指文王的圣德;裕:充裕,也有发扬的意思。**不废在王命**——废:隳败,废弃。

⑧**恫瘝乃身**——《书经精华》:"恫(tōng),痛,瘝(guān),病也。"《孔传》:"治民务除恶政,当如痛病在汝身,欲去之。"《蔡传》:"视民之不安,如疾痛之在乃身。"**天畏棐忱**——天畏,谓上天可畏也;棐:通"匪,"无也;忱:诚、信。**无康好逸豫**——康:安于,习以为常;逸豫:安逸享乐。**惠不惠,懋不懋**——惠:顺服;懋:勤勉。全句意为:使不顺服的人顺服,使不勤勉的人勤勉。

⑨**已!汝惟小子**——已:叹词。**应保殷民**——应:承担,肩负。**亦惟助王宅天命**——宅:安置,引申为"贯彻,""实现"。**作新民**——指将殷商遗民改造成忠实于周朝的新人。

⑩**敬明乃罚**——恭谨严明地执行刑罚。**非眚,乃惟终,自作不典**——眚:过失犯罪;乃:却;惟:是;终:到底,指始终坚持犯罪立场;自:犹言"兀自;"不典:不遵守法典,即犯罪。自作不典,指不断作案的惯犯。**式尔**——式:用,转义为"存心";尔:这样。式尔即"存心如此",指故意犯罪。**乃惟眚灾**——灾:本意为灾祸,此处指意外事件。**适尔**——指偶犯,适:偶然。**既道极厥辜**——极:彻底;辜:罪;道极厥辜,指能彻底交待其罪行。

⑪**有叙**——《蔡传》:"刑罚有次序也。"**时乃大明服**——明:指法纪严明;服:谓使庶民信服。**惟民其勑懋和**——勑(lài):《尔雅·释诂》"劳也,"此地

指勤劳地进行生产；懋：勉励；和：顺，谓守法。**惟民其毕弃咎**——毕：尽；弃：放弃；咎：罪过。全句谓百姓都能弃恶从善。**若保赤子**——赤子：婴儿。《正义》："子生赤色，故言赤子。"

⑫**非汝封刑人、杀人**——《书经精华》阐释说："刑杀者，天之所以讨有罪，非汝封得以刑此人、杀此人也，"意谓执法是替天司法，不是个人权威。**非汝封又曰劓、刵人**——又：通"宥，"《礼记·王制》："王三又，然后制刑，"其中的"又，"即"宥"。

⑬**汝陈时臬**——陈：公布；时：这样；臬（niè）：法度，准则。**司师兹殷罚有伦**——司：各级司法官吏；师：师法，此处指参考、学习；伦：条理。**要囚**——要（yāo）：审查核实，求其真情，此处指复审刑事案件。**服念五六日，至于旬、时**——《蔡传》："服膺而念之"，指反复考虑也。时：时可指季节，如"四时"即言四季，此处即用此义，指一个季度，即三个月。《正义》："当须复膺思念之五日六日，次至于十日，远至于三月一时。"**丕蔽要囚**——丕：大；蔽：决断。

⑭**罚蔽殷彝**——罚：执法；彝：常规，言援引殷之旧法也。**用其义刑、义杀**——义：宜也，指适宜于周的殷商旧法。义刑、义杀：该刑、该杀的。全句的意思是从周朝的利益看该刑、该杀的而殷商法律又有此规定的，就援用殷律判处，使殷商旧法为周服务。**勿庸以次汝封**——庸：用，次：《尚书今古文注疏》释为"恣"的通假。**乃汝尽逊**——尽：彻底；逊：顺从，指完全秉承上帝的意志办事。

⑮**凡民自得罪**——《蔡传》："非为人诱陷以得罪也。"**杀越人于货**——越：通"敓，"抢劫。**暋不畏死，罔弗憝**——暋（mǐn）：顽悍。《孔传》："暋，强也"；憝（duì）：怨恨。罔弗憝，无人不恨。

⑯**元恶大憝**——原义指身为元恶，大为人所憎恶，后多将"大憝"与"元恶"并列，同指大奸大恶之人。**矧为不孝不友**——矧（shěn）：亦，就。**于父不能字厥子**——字：慈爱，教育；字厥子：爱护、教育他的儿子。**兄亦不念鞠子哀**——鞠：养育；鞠子指尚待养育之稚子；哀：可怜。**惟弔兹不于我政人得罪**——弔：至于，到了；政人：执政之人。全句意为"如果我们执政者不给这种人治罪……。"**天惟与我民彝大泯乱**——《孔传》："天与我民五常，使父义、母慈、兄友、弟恭、子孝，而废弃不行，是大灭乱天道。"**乃其速由文王作罚**——作罚：制定的法律。全句的意思是：对于这种犯罪，你就应当毫不迟疑地援用文王创制的法律进行处理。

⑰**不率不戛**——率：遵守；戛（jiá）：《蔡传》："法也"。《尔雅·释诂》：

"职也"。《正义》:"犹楷也。"此处以释"法"为当。**矧惟外庶子、训人**——外庶子,训人:官名。《孔传》:"在外掌众子之官,主训民者。"**惟厥正人,越小臣诸节**——正人、小臣诸节:均官职。《正义》说正人是"正官之首,"小臣诸节是"谓正人之下,非长官之身,下至符吏诸有节者"。《史记·周本纪》《集解》引马融曰:"诸受符节有司也。"按此处之"符节,"指一般官吏的印信。小臣诸节,即小臣而掌有印信的,类似明清时的"正印官"(县令以上皆属之)。**乃别播敷,造民大誉**——播:宣传、传播;敷:散播;乃别播敷即另搞一套。造民:倒文,意为"在庶民中制造。"《周礼·大司徒》所举"八刑"中有"七曰造言之刑。"造言,郑玄注:"讹言惑众,"造民大誉指制造讹言,蛊惑庶民,骗取个人的声誉。**弗念弗庸,瘝厥君**——瘝:此处作动词,瘝厥君:使他们的国君受到诟病(伤害)。**时乃引恶**——引恶:为首作恶,带头作恶。**汝乃其速由兹义率杀**——兹义:意为:"根据上述理由,"或"秉此大义;"率:此处作"依法"解。

⑱**亦惟君惟长,不能厥家人越厥小臣外正**——君:指诸侯国的国君或公卿大夫之"家"的"家君"(族长);长:指地区或部门之主管官吏;能:亲善,《诗·大雅·民劳》:"柔远能迩"。《孔传》说:"为人君长而不能治其家人之道,"则把"能"解释成"齐家,""治家"的意思;外正:《孔传》:"外正,官之吏",为一般官员作助手的职员。**大放王命**——放:通"方,"引申为"违反",大放王命即大大违反君主的旨意。**乃非德用乂**——乃:这就;非:不;用:能;乂:治,引申为"教育","感化"。全句意思是"这就不是用德教可以感化的了"。

⑲**汝亦罔不克敬典**——罔不克:无不做到;敬:遵循,依照;敬典:依照法律。**乃由裕民**——由:依照;裕:《方言》:"道也,东齐曰裕,或曰猷"。《尚书今古文注疏》对这句话解释为:"乃以道导民。"**敬忌**——《尚书》中经常使用这个词,大意为兢兢业业,恭谨严肃。**我惟有及**——及:即"汲,"积极努力的意思。**则予一人以怿**——怿(yì):喜悦,欣慰。

⑳**爽惟民迪吉康**——爽:发语词,含有"总而言之"的意思;惟:考虑;迪:启迪,教化;吉:有利于,有助于;康:安定、太平。**作求**——作:做,引申为达到;求:《尔雅·释诂》郝懿行《义疏》:"求者索之终也,索训尽,尽亦终也。"《诗·大雅·下武》"世德作求"一句,郑玄《笺》:"求,终也。"所以"作求"就是"达到目的"。**矧今民罔迪不适**——矧:况且,适《广雅·释言》:"善也"。**不迪则罔政在厥邦**——罔政:即无政,意为无法实施政令。

㉑**予惟不可不监,告汝德之说于罚之行**——惟:考虑,思考;监:鉴;说:

学说、道理；罚之行：即实施刑罚。**今惟民不静，未戾厥心**——《孔传》："下民不安，未定其心，"惟：语助词；戾：安定。《诗·大雅·桑柔》："民之未戾，职盗为寇。"**迪屡未同**——迪屡：即屡迪；未同：指不与周朝同心同德。**爽惟天其罚殛我，我其不怨**——爽惟：发语之词，表委婉，含有"据此"，"假如"之意。不怨：没有怨言。**惟厥罪无在大，亦无在多**——惟：因为；罪：指人君治民无方。

㉒**无作怨**——《孔传》："无为可怨之事"。怨：此处指民愤。**勿用非谋非彝**——《孔传》："勿用非善谋，非常法"。用：施行。**蔽时忱**——《蔡传》："惟断以是诚"。蔽：决断，处理；时：这。**丕则敏德**——丕：大；则：效法；敏：明白晓畅，敏德与明德义近。**裕，乃以民宁**——裕：宽厚。全句意为宽厚便可使百姓安宁。**不汝瑕殄**——瑕：瑕疵，毛病。此处作动词，即找毛病。殄：消灭。全句意为别人挑不出你的毛病，也就无法推翻你了。

㉓**肆汝小子封**——肆：发语词。**惟命不于常**——上天授权人君统治天下的大命不是永恒不变的。**无我殄享**——交错倒文，即"无殄我享"。享：对祖先的祭祀。古人认为子孙繁衍才能保祭不绝，故终止了祭祀就意味着绝后和失掉了政权，"断了香火"。**高乃听**——认真听取各方面的意见。高：《广雅·释诂》："敬也"。

㉔**勿替敬典，听朕告汝**——《蔡传》："勿废其所当敬之常法。"替：更替，改革，废弃。告即诰，言告诫也。**乃以殷民世享**——《蔡传》："乃能以殷民而世享其国。"

今　译

周公说："诸侯之长，我的弟弟，年轻的封啊：我们伟大英明的父亲文王倡明圣德，慎行法治，任用值得任用的人，敬重应受尊敬之士，镇压罪有应得之徒，德政著于百姓，从而开创了西歧基业，然后推行德政，至于邻邦。四方臣民，莫不拥戴。德政上闻于天，上帝嘉许，赐命文王讨灭殷朝，并接管了它的政权和百姓，将其纳入王道正轨。你的长兄武王勉行文王之道，这才使你封，年纪轻轻就担任诸侯之长坐镇东方。"

周公说:"啊,封!你要记住:殷商的遗民将注意观察你是否奉行先王的德政,通晓先王的遗教,继承先王的圣德。你到职之后,应当广泛了解和学习殷朝早期明王圣主的长处,用来治国保民,要多多考虑年高有德的前朝遗老的意见,从中吸取经验教训。另外,还要多方访求古代圣主明王的治国之道,取其适合现实情况之处,用以治理庶民。只要你能广传上帝的旨意,发扬文王的圣德,我们周朝在卫国的统治就可以永不败落了。"

周公说:"啊,年轻的封!你要象关心自身病痛一样关心百姓的疾苦。要小心谨慎啊!须知上天可畏,天命并非永恒不变。从民情上可以看到上天对我们的喜怒,而管理好黎民百姓又是极为困难的。所以你到职以后,要尽心竭力,不要贪图安逸享乐,要谨记自己身负治民的重任。我听说,民愤不在大小,重在如何对待,你要使那些不顺服我们的殷民顺服我们,使那些不肯为我们效力的人为我们效力。"

"啊,年轻人!你要光大王道精神,完成治理殷民的使命,这也就是协助天子执行上帝的天命,把殷商的遗民改造成为新民。"

周公说:"啊!封,司法工作必须慎重严明。一个人犯了小罪,但如不是出于过失,而是存心犯罪,并且怙恶不悛,即使罪行不重,也不能不判处死刑;相反,即使犯了大罪,只要他不坚持犯罪立场,或者是出于过失、意外事件,是偶犯,且又能彻底交待其罪行的,那就不可判处死刑。"

周公说:"啊!封,只要准确量刑,法纪严明,使人信服,百姓就会勤劳生产,遵礼守法,只有象治疗疾病那样奖善惩恶,百姓才会弃恶向善,杜绝犯罪;只有象保护婴儿一样爱护百姓,才能达到国泰民安。"

"对罪人判处肉刑、死刑,并不是你康叔个人的权力,所以切莫哪怕偶尔一次对无辜之人滥施肉刑、死刑。即使判处截鼻割耳的轻刑也不是你康叔个人的权力，所以切莫，哪怕偶尔一次判处这样的刑罚。"

周公说："对于外地的案件，可以颁布明文要求各级司法官吏援用殷朝法律中的合理条文处理。特别要指出：审判案件时，应反复考虑五六天到二三十天，甚至三个月，然后再果断地进行判决。"

周公说："你应当明令宣布，审判中可以援用殷朝法律中适合于现实情况的有关规定，判处那些应判肉刑、死刑的人，以表明不是你康叔个人在恣意行事，你只不过忠诚地奉行了上帝的旨意。"

"啊！年轻人，谁也没有你封这样好的思想。我的思想、德行，只有你了解。"

"那些蓄意作案，进行抢劫、偷盗，从事内奸外贼的活动，以及谋财害命的家伙，都是些亡命之徒，是无人不深恶痛绝的。"

周公说："封！不孝不友，也属于罪大恶极的犯罪行为。做儿子的忤逆不孝，大伤父母之心；做父亲的不教育子女，甚至虐待子女；做弟弟的不怕天罚，对兄长不恭敬、不服从；做兄长的不怜悯弟弟的幼弱，对弟弟毫不友爱，象这样一些严重犯罪行为，如果我们执政者还不给予应有的法律制裁，上天所赐的五常之道岂不是要废弃、混乱了吗！因此必须迅速根据文王所定的刑法严惩不贷。"

"不遵守国法的，还有那些地方负责官员、教育主管官、各部门的负责官吏以及所有掌有官印的小官。他们另搞一套，讹言惑众，制造个人声誉、目无天子、不听王命，损害王室利益。这就是带头为恶。我最恨这种人。根据上述理由，对于这种人，你要迅速依法惩办，杀无赦。"

"还有那些身为公侯或一族之长，而不能为国人、臣下的表率，不能治理其家族，却只知作威作福，虐害百姓，违反王命的也都不是采用德教感化所能挽救的。"

"你自己也要做到事无大小，一切严格遵循国法，并在这个基础上宽以教民，象文王那样兢兢业业、恭敬慎重。如果你真能宽以教民，且经常勉励自己效法文王，我就很欣慰了。"

周公说："封！总而言之，只有诱导、教化百姓，才能达到国泰民安。当前，我们在卫国必须采用殷朝前代圣明君主的治国之道来治理百姓，使他们安定下来，从而达到我们的目的。况且，对于黎民百姓，不进行诱导安抚，民心就不会向善；而如果百姓不接受教化归顺我们，也就谈不到在这块国土上实施我们的政令。"

周公说："封！我深知不可不引古鉴今，所以才这样告诫你要施行德政，并把它贯彻到司法工作中去。须知现在殷朝遗民还很不安分，民心很不稳定。虽经多次疏导，尚未真心拥戴我们。如果上帝为此而惩罚我们，我们也是无可抱怨的，因为治国不善的过错哪怕很小、很少，也会上闻天庭的。"

周公说："封啊！你要兢兢业业呀！切莫作引起民愤的事，不要采取任何未经深思熟虑，或与国家法律抵触的措施。要以至诚至勤的态度，学习前代圣王的典范，来开扩你的胸襟，加强你的信心，不断注意修养你的品德，提高深谋远虑的水平，宽厚爱民，使百姓安居乐业。你能做到这些，人们就对你无可指摘，也就没有人能够推翻你了。"

周公说："啊，年轻的封啊！上帝册定君王的天命，不是永恒不变的。你可要时刻注意，千万不要断送了周朝在卫国的祭享。好好承担起你的使命吧！认真听取各方面的反映，把你那里治理得国泰民安。"

周公最后说："去吧，封！不要废弃法典，经常记住我的告诫。你一定可以子孙相继，世世代代与殷民同享太平。"

书　后

"诰"是上对下的告诫、训勉之辞，后来专用以指皇帝对臣下的册封和指令，如"诰封"、"诰命"之类。明以后，"诰"更成了一种直接援用的法律形式，朱元璋亲自编审的"大诰"就是当时的案例汇编。《尚书》的诰是一种专门的文体，大多记载天子对臣下或诸侯的训勉和号召，因而也具有法律效力。

关于《康诰》的成书，《史记》有如下几处记载：

《周本纪》："成王少，周初定天下，周公恐诸侯畔周，公乃摄行政当国。管叔、蔡叔群弟疑周公，与武庚作乱畔周。周公奉成王命，伐诛武庚、管叔，放蔡叔，……颇收殷遗民，以封武王少弟封为卫康叔。"

《鲁周公世家》："武庚等果率淮夷而反。周公……兴师东伐，……遂诛管叔，杀武庚，放蔡叔，收殷遗民，以封康叔于卫。"

《管蔡世家》："周公旦承成王命，……而分殷余民为二：其一封微子启于宋，以续殷祀。其一封康叔为卫君，是为卫康叔。"

《卫康叔世家》："康叔齿少，乃申告康叔曰：……告以纣所以亡者以淫于酒。酒之失，妇人是用，故纣之乱自此始。……故谓之《康诰》、《酒诰》、《梓材》以命之。康叔之国，既以此命，能和集其民，民大说（悦）。"

从这几段记载中可以看出：

平定三监之乱后，周公杀了武庚和管叔，将蔡叔迁封小邑"马车十乘，徒七十人从，"并把殷商遗民分而治之，一部分随微子入宋，一部分留在卫国，派康叔去坐镇管辖。鉴于三监之祸是内外勾结，康叔治卫能否消弭隐患，使殷商遗民永不叛周，关系极大，所以在康叔临行前,周公对他反复叮咛,交待治卫的政策。这就是《康诰》、《酒诰》、《梓材》产生的背景。在这三篇中,《康诰》的内容最丰富。

周公要康叔继承文王"明德慎罚"的思想,作为治卫的根本方针,做到"庸庸","祗祗","威威",任用有用之才,敬重可敬之士,镇压罪有应得之徒。只有这样,才能"惠不惠,懋不懋,"使不信任周朝的人真心归周,不愿为周效力的人为周效劳。周公提出"明德慎罚",一方面固然是总结历史经验,秉承先王遗训;另一方面也是吸取三监之乱的教训,针对卫国的具体情况的。当时的卫国还处于"今惟民不静,未戾厥心,迪屡未同"的形势。殷商遗民经过再三教育,仍对周朝心怀疑虑,所以要把殷商遗民改造成周之"新民",既不能一味宽纵,姑息养奸;也不能一味镇压,逼出祸端,必须"明德慎罚",才能从根本上收到治卫的功效。

明德慎罚是一个完整的口号。明德是慎罚的指导思想,慎罚是明德的保证。不明德就会导致滥刑;不慎罚,明德也要落空。在这个问题上,《康诰》提出了法律上的具体措施:

一,刑法打击的重点是那些"寇攘奸宄,杀越人于货"的刑事犯罪分子,违背纲常伦理的"不孝不友"之徒和"乃别播敷,造民大誉",另搞一套,图谋不轨的人。对这三种人,周公深恶痛绝,称之为元恶大憝,要康叔对他们"刑兹无赦"、"速由兹义率杀"。

二,执法者要带头守法,严格依照法律办事,不能凭个人喜怒,专擅刑杀。周公告诫一切"惟君惟长"的人必须作臣民的表率,不能"惟威惟虐,大放王命",就连康叔本人也应当作到"罔不克敬典"。他特别要康叔记住:"非汝封刑人、杀人",切莫把刑杀的施行看作个人的权力。这和后世专制君主的随心赏罚,凭个人喜怒决定生杀予夺相比,无疑是具有一定的合理性的。

三，在审判实践中，要"罚蔽殷彝，用其义刑义杀"，即援用殷朝的旧律，来判处那些损害周朝利益而该刑该杀的人。这在当时有很重要的策略意义。

四，对案件的处理要特别慎重，"服念五六日，至于旬、时"，然后再"丕蔽要囚"。这一条规定虽然也可视为诉讼期限的规定，但总的精神仍是"慎刑"。

酒　诰

原　文

酒　诰①

（上略）

王若曰："明大命于妹邦。②乃穆考文王肇国在西土，厥诰毖庶邦、庶士、越少正、御事，朝夕曰：祀兹酒。惟天降命，肇我民，惟元祀。③天降威，我民用大乱丧德，亦罔非酒惟行。越小大邦用丧，亦罔非酒惟辜。④……"

（中略）

王曰："封！我闻惟曰：在昔殷先哲王，迪畏天显小民，经德秉哲。自成汤咸至于帝乙，成王畏相，惟御事厥棐有恭，不敢自暇自逸，矧曰其敢崇饮！⑤……。

我闻亦惟曰：在今后嗣王酗身，厥命罔显于民，祗保越怨不易，诞惟厥纵淫泆于非彝，用燕丧威仪，民罔不盡伤心，惟荒腆于酒。⑥……（中略）故天降丧于殷，罔爱于殷，惟逸。天非虐，惟民自速辜。⑦"

王曰："封！予不惟若兹多诰。古人有言曰：'人无于水监，当于民监'。今惟殷坠厥命，我其可不大监抚于时！⑧"

"予惟曰：汝劼毖殷献臣，侯、甸、男卫，⑨矧太史友、内史友、越献臣百宗工，矧惟尔事，服休服采，矧惟若畴：圻父簿违，农父若保，宏父定辟，矧汝，刚制于酒。⑩"

厥或诰曰："群饮，汝勿佚，尽执拘以归于周，予其杀。又惟殷之迪诸臣惟工，乃湎于酒，勿庸杀之，姑惟教之。"⑪

"有斯，明享。乃不用我教辞，惟我一人弗恤。弗蠲乃事，时同于杀。⑫"

王曰："封！汝典听朕毖，勿辩乃司，民湎于酒。⑬"

注　释

①《**酒诰**》也是周公代表天子对康叔封的告诫之辞。主要内容是引述殷商兴亡的历史教训，阐明贪酒的危害，提出戒酒的具体措施。这里节选的是有关戒酒的法律规定的段落。

②**王若曰**——与《康诰》同，也是周公代表天子说的。**妹邦**——即沫邦，指卫国，《诗·鄘风·桑中》："爰采唐矣，沫之乡矣，……沫之北矣……，"其中的"沫"，即沫水，又称"妹水"。纣都朝歌，在沫水之北。康叔被封到殷的京畿旧地，即卫国，地处沫水流域，故称沫邦。

③**乃穆考文王，肇国在西土**——穆：赞美之词，表崇敬；肇：开创；西土：指西岐。**厥诰毖庶邦、庶士、越少正、御事，朝夕曰**——毖：警戒。《蔡传》："戒谨也"；庶邦：指各诸侯国；庶士：众官；少正：《书经精华》释为"治事之臣。"《正义》认为庶士概指百官，"卿、大夫俱在内，"少正只是办事小吏，"以其卑贱，更别目之。"御事：办事人员，指低级官吏；朝夕：早晚，随时。**惟天降命，肇我民**——《正义》："人为者，亦天之所使，故凡造立，皆云本自天。"肇我民：省文，意为教导人们发明了酒。**惟元祀**——元：盛大，元祀即祭祀大典。

④**天降威**——上天施惩罚于人间。**用大乱丧德**——用：因而；大乱：指犯上作乱；丧德：丧失德行。**越小大邦用丧**——越：以及；小大邦：指大大小小的诸侯；用：之所以；丧：亡国丧位。

⑤**迪畏天显小民**——指上畏天怒，下畏民怨。迪：句首语助词；天显：上帝的权威；小民：众百姓。**经德秉哲**——经：纲；秉：坚持，《正义》："德在于

身，智在于心，故能常德持智，即上（上文）'迪畏天显小民'。"**成汤**——殷商的开国之君，"汤"之前冠"成"，是对商汤的美称，意为成就了帝业的汤。**帝乙**——纣王之父。**成王畏相**——《蔡传》释为："成就君德，敬畏辅相。"**惟御事厥棐有恭**——惟：因而；棐：辅弼；有：本意为丰盛，引申为极其。**矧曰其敢崇饮**——矧：何况，矧曰，相当于现代汉语中的"更不用说；"崇：《孔传》："聚也"。

⑥**后嗣王酣身**——后嗣王：指商纣；酣身：《孔传》："酣乐其身，不忧政事。"酣：酗酒；身：自己。**厥命罔显于民**——《蔡传》："昏迷于政事，命令不能显著于民。"**祗保越怨不易**——《蔡传》："其所祗保者，惟在于作怨之事，不肯俊改。"祗：敬，一心一意；越：在于。**诞惟厥纵淫泆于非彝**——诞：大肆；泆：享乐，淫乱；彝：伦理、礼仪。**用燕丧威仪，民罔不衋伤心**——燕：宴会、游乐。衋（xì）：痛心疾首。《六书正讹》："从血、聿，䀭声，人痛伤则血枯，会意。"**惟荒腆于酒**——只知沉湎于酒，荒：过度，荒唐；腆：沉溺。

⑦**故天降丧于殷，罔爱于殷，惟逸**——《蔡传》："天降丧于殷，无有眷爱之意者，亦惟纣纵逸故。"丧：灭亡；逸：安逸，此处指纵酒淫泆。**天非虐，惟民自速辜**——不是上天薄待殷商，而是殷人自取灭亡。虐：暴虐；辜：罪过，速辜，自速其亡。

⑧**予不惟若兹多诰**——意思是我不仅这样不厌其烦地告诫你，而且我也是以身作则的。《正义》："我不惟若此徒多出言以诰汝而已，我自戒酒，已亲行之，汝可法之也。"惟：只是；兹：这样。**人无于水监，当于民监**——《孔传》："视水见已形，视民行事见吉凶。"监：鉴，镜子。**我其可不大监抚于时**——其："岂"的假借；抚：《礼记·文王之命》郑玄注"犹有也。"即占有；时：即斯，这，指殷灭国的教训。全句意思是：我们怎能不以殷商灭国的教训为前车之鉴呢？

⑨**汝劼毖殷献臣**——劼：坚定，尽力，《蔡传》："用力也"；毖：谨慎，慎戒；献臣：遗臣，《蔡传》释为贤臣。《孔传》对全句的解释是"当固慎殷之善臣倍用之，"意思是要十分认真而谨慎地对待和任用殷商遗臣中有声望的人。**侯、甸、男卫**——侯、甸：诸侯的称呼。古时所封诸侯，视其与王畿的距离，由近及远，每五百里为一等，各立专称。据《周礼·职方氏》载："乃辩九服之邦国。方千里曰王畿，其外方五百里曰侯服，又其外方五百里曰甸服，又其外方五百里曰男服，又其外方五百里曰采服，又其外方五百里曰卫服，……"以下还有蛮服、夷服、镇服、藩服，共为九服。但《尚书》多称五服，如《益稷》篇说："弼成五服，"指的是侯服、甸服、绥服、要服、荒服五等。男：爵位中

的末等,这里用以表示隶属于康叔的各小国诸侯,男卫指隶属于卫国的诸侯们。康叔为诸侯长,封地在卫国,故云。

⑩**矧太史友、内史友,越献臣百宗工**——矧:和,及;越:以及;太史友、内史友:《蔡传》:"太史掌六典、八法、八则;内史掌八柄之法,汝之所有者"。即指常在康叔左右的近臣;百宗工:享有尊位的百官。**矧惟尔事,服休服采**——惟尔事:为你作侍从的官员;服:主管;休:休息、宴乐;采:朝觐事务。**若畴**——以下这些人(官吏)。**圻父簿违,农父若保,宏父定辟**——圻(qí)父:司马,军机大臣;簿:迫的通假。簿违指弹压民众,镇压反叛。农父:司空(或云司徒,似不确),主管农业生产的大臣;若保:指足食足货,保证民食民用;宏父:司寇(或说为司空,不确)主管司法的大臣;辟;法律、司法。**刚制于酒**——刚:坚决;制:禁绝。

⑪**厥或诰曰**——诰:通告,报告。群饮——聚众饮酒。**汝勿佚,尽执拘以归于周**——勿佚,勿使逃脱,佚通"逸",逃脱也。**又惟殷之迪诸臣惟工**——又:至于;迪:启迪,教化。殷之迪:曾受过殷商教化的,指食过殷禄,曾在商朝为官的那些人;惟工:以及从事手工业的各种工匠。

⑫**有斯,明享**——斯:代词,指上述那些教导。有斯即指接受了那些教导的人,有在这里作占有讲,引申为记住、接受;明享:《蔡传》:"享,上享下之享,言殷诸臣百工不忘教辞,不腆于酒,我则明享之。"按:明享之,指给予富贵利禄以奖赏之。**乃不用我教辞,惟我一人弗恤**——《蔡传》:"其不用我教辞,惟我一人弗恤于汝。"《孔传》:"汝若怠忽不用我教辞,惟我一人不忧汝。"两家所释基本一致,一人弗恤即一个也不饶的意思。**弗蠲乃事**——决不宽贷那些不接受教化的人。蠲:豁免,宽贷。**时同于杀**——时:这,《孔传》:"同于见(现杀之罪),"即与聚饮之人同罪,判处死刑。

⑬**典听朕毖**——典:经常;毖:警惕,诰戒。**勿辩乃司,民湎于酒**——辩:使;乃:你的;司:有司,包括公卿和各级官吏;民;黎民百姓;湎:贪,好,沉溺。

今 译

周公教导康叔说:"你要在沫水之滨的卫国贯彻这样的方针:我们尊敬的父王文王,在西歧建国之初,就时常告诫各国诸侯、公卿、大夫以及大小官吏们,只有在举行祭祀的时候才能用酒。上帝教会人们造酒,唯一目的只在于供祭祀大典之用。臣民犯上作乱,丧行败德,以致遭到上帝的惩罚,莫不起因于好酒贪杯;大小诸侯之所以亡国失位,也无不应该归咎于纵酒享乐。……"

周公说:"封!据我所知,殷商的前代贤王,都能上敬天帝,下重小民,砥砺德行,保持明智,从成汤到帝乙,都坚持了为王之道,敬重辅弼大臣,因而公卿百官也都兢兢业业,勤理王政,不敢偷闲怠惰,贪图安逸,更不用说聚众豪饮了。……可是我们也知道,殷商的末代天子,却是好酒贪杯,不理国事,以至政令不行。他的行为引起了百姓的怨恨,但他仍怙恶不悛,一味违背伦理常轨,大肆享乐,终日酣饮,丧尽了礼仪和天子的威信。百姓无不痛心疾首,他却只知沉溺酒色。……因此上帝降灾于殷,不再信任殷商,原因就在于'殷人纵酒淫佚'。这不是上帝亏待殷商,而是他们咎由自取。"

周公说:"封!我不仅这样反复告诫你,我自己也是以身作则的。古人说:'人不但要以水为镜照视形体,更要以人民为镜观察施政得失。'殷纣王因贪酒享乐丧失了天下,难道还不值得我们引为深刻的教训吗?"

周公说:"我还要叮咛你,你必须认真教导殷朝的遗老旧臣,教导你所辖的大小诸侯、太史、内史等近臣,以及卫国的公卿大夫、各级官吏、执事人员和为你服侍生活的幸臣,特别是下列大臣:执掌镇压叛乱的司马,主管生产,保证丰衣足食的农业大臣和全国最高的司法官,最后,还有你自己,都必须坚决戒酒。"

"如果得知有人聚众饮酒,你必须将他们全部捕获,勿使一人漏网,并立即解送京城。我要把他们处以死刑。至于殷商遗臣以及百工巧匠,犯令嗜酒,则暂勿处死,可先行教育,如能接受教育,可以明令奖赏,倘敢无视王室的教化,那就一个也不怜悯,不宽贷,应与聚众饮酒者一样,处以死刑。"

周公说:"封啊!愿你经常牢记我的告诫,不要容许你的臣民好酒嗜饮。"

书　后

《酒诰》可以说是我国见之于史料的最早的一篇戒酒令。它通过"诰"的形式,阐明了贪酒的危害,对戒酒的步骤和方法也作了具体的规定。

《酒诰》把贪酒的危害强调到极其严重的程度:不仅百姓的犯上作乱,丧行败德与贪酒有关,就是大小诸侯的丧国失位也无不应归咎于纵酒贪杯。周公引述殷商王朝的兴衰作证:自成汤到帝乙"不敢自暇自逸,"不"崇饮",所以"成王畏相",天下大治;而纣王荒淫无道,纵酒享乐,"酗身","诞惟厥纵淫泆于非彝","惟荒腆于酒"以致政令不行,民怨沸腾,终于上帝"降灾",导致了殷王朝的覆灭。当然,把丧国失位的原因归咎于酒,正如说桀、纣之亡在于宠信了女人一样,都不免有一定的片面性。但是,很显然,《酒诰》中所谓的"湎酒"、"酗身",实际上指的是统治阶级的享乐淫泆,骄奢暴虐。从这个意义上讲,《酒诰》把贪酒与否看作执政者及其大小官吏勤惰良莠,以至是否忠于职守,能否有效地进行统治的重要标志,这是有可取之处的。

从对违犯戒酒令的处理来看,"群饮"是首要的惩罚对象。"群饮"即聚众饮酒,要受到极严的处罚,参与群饮的要全部逮捕,不得漏网一人,而且要押解京畿,治以死罪。何以群饮之罪如此严重?显然,立法者注意的不在"饮",而在"群",也就是说,法律要制裁的是以聚众饮酒的形式进行集会,因为这里往往潜伏着叛乱、谋反的危险。与此相反，戒酒令对于殷商的遗臣和百工巧匠"乃湎于酒"的却特别宽厚。"勿庸杀之，姑惟教之"，而且只要他们接受教育，还要给予奖赏。只有在他们不听教诲，继续犯令时，才严惩不贷。这体现了立法者区别对待的原则。对殷朝遗臣从宽是为了施行怀柔政策，使他们消除对新的统治者的敌对情绪；对百工从宽，可能是为了照顾他们的劳动习惯，同时也反映出当时的百工巧匠已有了相当数量，在生产上具有重要作用，足以使周天子不得不对他们另眼看待了。

还有一点值得提及的是，《酒诰》认为戒酒首先要从统治阶级戒起。周公要康叔对他的下属臣僚，首先是官居要职的人和服侍生活的近臣严加管束，一律不准违令饮酒，就连康叔自己也必须坚决戒酒。要求统治阶级带头守法。以身作则，为民表率，这在《尚书》周书的其他篇章，如《吕刑》等篇中，也有反映，这说明西周初期的法制还是比较严明的。

梓 材

原 文

梓 材①

王曰:"封。以厥庶民暨厥臣达大家,以厥臣达王,惟邦君。②汝若恒越曰:我有师师。司徒、司马、司空、尹旅曰:'予罔厉杀人。'亦厥君先敬、劳,肆徂厥敬、劳。"③

"肆,往奸宄、杀人、厉人,宥。"④

"肆亦见厥君事,戕败人,宥。"⑤

"王启监,厥乱为民。曰:无胥戕,无胥虐,至于敬寡,至于属妇,合由以容。王其效邦君越御事,厥命曷以?引养引恬。⑥自古王若兹,监罔攸辟。"⑦

"惟曰:若稽田,既勤敷菑,惟其陈修,为厥疆畎。若作室家,既勤垣墉,惟其涂塈茨。若作梓材,既勤朴斲,惟其涂丹雘。"⑧

(下略)

注 释

①**梓材**——据《史记·周本纪》载,《梓材》也是周公代表成王对康叔的诰

词。为什么取名《梓材》呢？《孔传》说："告康叔以为政之道，亦如梓人治材。""梓人"即木工，"材"，即木料。治材就是把木料加工制成各种器物。前代学者，如宋之王安石、吴棫、朱熹、蔡沈等人认为《梓材》前后文意不相连贯，前半篇称"王曰"，称"汝"，系君诫臣的口吻，后半篇措辞委婉，显系臣告君之言，因而怀疑是两篇文章错简凑在一起的。这只是一种怀疑，未作定论。这里只节选了前半篇关于"明德慎罚"的部分。

②**以厥庶民暨厥臣达大家**——厥臣：《正义》释为"小臣"，考之文意，当指公卿以外的大小众臣，包括公卿大夫的家臣；达：致也，此处是省文，即"致忠于"、"委身于"的意思；大家：《孔传》："卿，大夫及都家也。"《蔡传》"大家，巨室也。"按古时全族为"家"，如《孟子·梁惠王上》："王曰'何以利吾国？'大夫曰：'何以利吾家？'"句中之"家"，即指如分晋前的韩赵魏这样的"家"。**以厥臣达王**——《蔡传》："言臣而不言民，率土之滨，莫非王臣也。"按这句里的"臣"统指包括公卿、诸侯在内所有一切为天子服务的众臣。

③**汝若恒越曰**——恒：经常；越：宣传，使周知。《国语·晋语》："而越于民"；曰：为，是。**我有师师**——《孔传》："我有典常之师可师法"。《蔡传》："以官师为师也"。《孔传》把第一个师字解成法律、法典；《蔡传》则释为人。**司徒、司马、司空、尹旅曰**——司徒、司马、司空分别为主管教育、军事、民政的大臣；尹：商和西周称辅弼之臣为尹，汉以后称都城的行政长官为尹，元代则州县长官也称尹。此处系指一般官吏；旅：众也，尹旅就是官吏们；曰：同上句的"恒越曰"。**予罔厉杀人**——予：我们，司徒、司马、司空和尹旅的自称；厉：杀戮无辜。**亦厥君先敬、劳**——厥：其；厥君：为黎民之君者；敬：认真严肃。如《论语·学而》："敬事而信"；劳：《蔡传》："劳，来也。"指安抚来归的臣民。周公派康叔治卫，正是平叛之后，百姓流离失所，急需安抚，故有此一叮嘱。**肆徂厥敬、劳**——肆：于是；徂：往，指康叔到卫国去。

④**肆，往奸宄、杀人、厉人，宥**——肆：因此；往：过去；奸宄：为非作歹，此处作动词；厉人：《蔡传》："罪人所过"。律谓知情、藏匿、资给也"，《汉书·刑法志》注说："辞之所及，则追捕之""辞之所及"，就是狱辞涉及的人；宥：宽大。

⑤**肆亦见厥君事，戕败人，宥**——肆亦：亦肆的倒文；见："倪"（xiàn）的假借。《尔雅·释言》："间，倪也"。郭璞注："《左传》谓之谍，今谓之细作"。戕败人：《蔡传》："毁伤四肢、面目，汉律所谓疻痕也"，相当于现代所说的伤害罪。

⑥**王启监**——王：天子；启：设立；监：治理，此处指负责治理之人，即一

国之诸侯。《周官·冢宰》:"乃施典于邦国而建其牧,立其监。"**厥乱为民**——乱:大抵;厥乱:意思是"总之为的是"。**曰:无胥戕**——无:勿;胥:《说文》:"蟹醢也",段玉裁注:"庖人祭祀之好羞(馐)"。《字林》:"蟹酱也"。此处取其转义犹言鱼肉(百姓);戕:杀。**至于敬寡,至于属妇**——敬:恤,同情;寡:概指孤寡老弱;属:留意,关怀。属妇即关怀妇女。但也有将属解释成附属的,即按《小尔雅》所说:"妾妇之贱者,谓之属妇",把属妇看成妾、婢之类,从文意看,敬寡与属妇相对,仍以前说为宜。**合由以容**——合:并;由:正,《汉书·扬雄传》颜师古注:"迪,道也,由也,迪、由同义。"容:宽容,大度。《孔传》对本句的解释是:"用大道以容之,勿令见冤枉"。**王其效邦君越御事**——其:语助词,表祈使;效:指施政的效果;御事:主管各项事务的人员,统指各级官吏。**厥命曷以**——省文,意为:"曷以克成厥命"。**引养引恬**——《蔡传》:"欲其引掖斯民于生养安全之地"。《书经精华》解释此句时说"政在养民,有以徐引之,使遂其养;政在安民,有以徐引之,使获其安"。即释引为"诱导",释养为"生养",释恬为"安宁"。

⑦**自古王若兹**——若:象;兹:这样,指上文养民安民之道。**监罔攸辟**——《蔡传》:"汝今为监,其无所用刑辟"。罔:无;攸:所;辟:刑罚。

⑧**若稽田**——稽:《蔡传》:"治也",稽田即种庄稼。**既勤敷菑**——勤:辛勤;敷:广,此处作播种解,菑(zī):《说文》:"不耕田也"。《尔雅·释地》:"田一岁曰菑",郭璞注:"今江东呼初耕地反草为菑",《说文·通训定声》解释说:"不耕田者,不耕而才耕之田也"。综合几种说法,菑即开垦荒地之谓。**惟其陈修**——陈:治理;陈修:犹如现代说"田间管理"。**为厥疆畎**——疆:农田的边界、阡陌;畎(quǎn):田间的水渠。**若作室家**——作:建筑;室家:房屋;**既勤垣墉**——马融:"低曰垣,高曰墉"。垣指围墙,墉指正房的墙。**惟其涂塈茨**——塈(xì,又读jì)泥抹粉刷;茨:用茅草盖屋顶,也泛指修盖屋顶。**若作梓材**——梓:《蔡传》:"良材,可为器者",故称木工为"梓人";梓材:指木工用木材加工制作器物。**既勤朴斲**——朴:《孔传》:"治";斲(zhuó):斫。朴、斲,统指木工加工。**惟其涂丹雘**——雘(huò):赤石脂之类,古人用作上等涂料。

今 译

周公说:"封,要做到使一切百姓、臣僚效忠于他们所隶属的贵族巨室，使一切臣民，包括侯伯公卿效忠于天子，才称得上真正的诸侯国君。为此，你必须经常使臣民周知：你是一切以法律、典章为准绳的，并且要使你的司徒、司马、司空等军政大臣和大小官吏都能警惕自己：决不滥施刑罚，枉杀无辜。一个国君首先要做到的是：谨慎、严肃地处理政务，注意安抚流离失所的百姓。你现在到卫国去，也要注意谨慎严肃地施政执法，安抚归来的百姓。

"因此，对于过去曾经为非作歹，行凶杀人，以及有隐瞒、包庇、窝藏、知情不报等罪行的案犯，应一律赦免。也因为这个道理，对于以前曾经刺探过国家机密，以及毁人面目，伤人肢体的罪犯，也一律赦免。

"天子设立诸侯代管一国，是为了治理天下的臣民，所以作诸侯的切不可鱼肉百姓，滥施刑杀，而应当做到怜惜孤寡老弱，关怀妇女。这些人如有违法之事，应当从宽论处。天子要责成诸侯和各级官吏，取得施政的实效。怎样才算达到这一要求呢？那就要逐步使百姓丰衣足食，安居乐业。自古以来的天子都是这样要求诸侯的。诸侯治国理民，决不能靠严刑峻法。

可以说，治国安民，就和种田一样，辛勤耕耘，开垦荒地，撒播种子以后，还必须精心管理，整修田坎水渠；也象建筑房屋一样，辛勤施工，砌好墙壁以后，还得加盖屋顶，粉刷里外；又好比木工制作器物，辛勤劳作，把上等木料加工成形之后，还必须涂上油漆，加以彩绘。"

书　后

《梓材》一文把治国理民比作种庄稼，建房屋和木工巧匠制作器物，要康叔细心体会其中的奥妙，这说明周公十分重视统治的才能和艺术。古代政治家对治国理民作过多种比喻，"代天牧民"。就是一种比喻：把百姓比作牛羊，把统治者比作牧人。韩非子说过："欲以宽缓之政，治急世之民，犹无辔策而御悍马。"这也是一种比喻：把百姓比作马，把国君比作驭者。试将这些比喻和《梓材》所作的比喻相对照，不难看出，前者着重讲的是如何有效地驱使、驾驭人民，而后者强调的是如何有效地扶持、教化人民。两种比喻反映了两种不同的政治思想。当然，不论前者或后者，都是从君本位出发的，即都是讲的"君治民"，而不是"民治国，"因而在根本之点上，二者并无不同。《梓材》一开始就说："以厥庶民暨厥臣达大家，以厥臣达王，惟邦君"——自下而上层层效忠。百姓忠于公卿，诸侯及一切臣民忠于国君。这就是治国安民的目的，也是所有奴隶制、封建制国家的职能所在。

"厥命曷以？"怎样才能实现这种职能，达到这个目的呢？《梓材》讲得很有意思："引养引恬……罔攸辟"。就是说，维持统治不能靠严刑峻法，而必须"引养引恬"。养，使人民足衣足食，有生存的物质保证；恬，使人民安居乐业，有良好的社会秩序。周公认为这是治民的一条规律。"自古王若兹，"历来如此。因此，他要康叔牢记这一教导，并以此约束他的臣吏，切莫滥施刑罚，错杀无辜。

周公之所以用梓材作譬，对康叔大讲"引养引恬"的道理，还在于康叔即将赴任的卫国是刚刚平定了叛乱的殷商旧地。动乱之后，人心浮动，生产凋敝，弭乱求治之道，首在恢复生产，安抚百姓。在这种特定的历史条件下，周公除了一般地强调"引养引恬"原则外，还为康叔拟定了几条具体的、有针对性的法律：

凡前此为非作歹，行凶杀人的犯罪分子，以及有隐匿、包庇、窝藏、知情不举等行为的人，一概赦免。

凡前此刺探过朝廷机密，或毁人面目、伤人肢体的犯罪分子，一概赦免。

凡鳏寡孤独和妇女违法犯罪的,从宽处理。

这几条法律总的精神都是从宽,好比汉高祖入关时的约法三章,也等于对卫国宣布的一项大赦令。不难想象,这几条法令对于安定人心,招抚流民,使平叛后的殷商旧地趋于稳定,起到了积极作用。

对殷商遗民在法律上给予一定的照顾,这在《酒诰》等篇章中都有反映。可以说,这是周公对卫国实行以安抚为主的总政策中一个有机的组成部分。这些材料对研究周公的法律思想乃至整个西周的法律制度都有重要价值。

多 士

原 文

多 士①

序　成周既成，迁殷顽民，周公以王命诰，作《多士》。②

……（上略）

王若曰："尔殷多士，今惟我周王丕灵承帝事。有命曰割殷。告勅于帝。惟我事不二适，惟尔王家我适。予其曰：惟尔洪无度，我不尔动。自乃邑。予亦念天即于殷大戾，肆不正。"③

王曰："猷，告尔多士，予惟时其迁居西尔。非我一人奉德不康宁，时惟天命，无违。朕不敢有后，无我怨。"④

……（中略）

王曰："告尔殷多士，今予惟不尔杀，予惟时命有申，今朕作大邑于兹洛，予惟四方罔攸宾，亦惟尔多士攸服奔走。臣我多逊。尔乃尚有尔土，尔乃尚宁干止。尔克敬，天惟畀矜尔。尔不克敬，尔不啻不有尔土，予亦致天之罚于尔躬。"

"今尔惟时宅尔邑，继尔居，尔厥有干有年于兹洛。尔小子乃兴，从尔迁。"⑤

……（下略）

注　释

①**多士**——周王朝平定三监之乱后，把殷朝的殷民分迁几处而治之。洛邑是移民区之一。《多士》就是对迁往洛邑的殷民所发的诰令。多，是众多；士，是对奴隶主阶级分子的通称。《蔡传》："商民迁洛者，亦有位之士，故周公洛邑初政，以王命总呼而告之"。《孔传》："所告者即众士，故以名篇"。"有位之士"就是指在商朝有爵位的人。

②**成周既成**——成周：城邑名。周王朝为有效地管理殷朝迁往洛邑的移民，特在京都附近新建大城，叫作成周；既成：已经落成了；顽民：指殷商遗民，有的地方也称作"仇民"。

③**今惟我周王丕灵承帝事**——丕：大；灵：《蔡传》："善也"；承：秉承，奉行；帝：上帝；事：使命，旨意。**有命曰割殷，告勑于帝**——《蔡传》："帝有命曰割殷，则不得不戡定翦除，告其救正之事于帝。"割：翦除，消灭；勑：令，此处作动词，指执行上帝关于翦灭殷朝的命令。**惟我事不二适**——我（周王）不折不扣执行上帝交付的使命。适：顺从。**惟尔王家我适**——《蔡传》："周不二于帝，殷其能二于周乎？"尔王家：指殷商王族。**予其曰**——犹如现代说"我必须着重指出"。**惟尔洪无度，我不尔动**——惟：句首助词，表假设；洪：大；度：法度；动：迁动。全句意思是说：如果不是你们过分为非作歹，破坏法度，我也不会叫你们迁动。**自乃邑**——省文，意思是三监之乱起自乃邑。乃：你们的。**予亦念天即于殷大戾**——念：考虑到，姑念；天：上天；即：就，给，指给予诛戮；戾：罪过，大戾，犹言罪魁祸首。**肆不正**——就没有治你们的罪。

④**猷**——句首语气词，引起注意。**予惟时其迁居西尔**——按后世习惯，语序应为："惟时，予其迁尔西居"。时：这，指上述理由；西：往西，成周在殷都朝歌之西。**非我一人奉德不康宁**——意思是说：不是我凭个人喜怒就弄得你们不得安宁。**无违**——不得违抗。**朕不敢有后无我怨**——王巨源《书经精华》解释说："尔若惮于迁徙，朕即奉引天罚，不敢稽诛，尔无怨我。"后：落后，引申为稽迟、拖延。

⑤**今予惟不尔杀，予惟时命有申**——意思是说为了不杀这些殷民，才反复申述天意王命。有：多，有申，反复申述。**予惟四方罔攸宾**——为的是四方诸侯来朝时没有迎宾的地方。四方：指四方诸侯；攸：所。**亦惟尔多士攸服奔走**——也

是为你们这些殷商旧臣提供一个为王室效劳的场所。**臣我多逊**——倒文,即"多逊臣我"。逊:顺服,意思是"驯服地归顺我"。**尔乃尚宁干止**——宁:安宁;干:工作、职业;止:住所,居处。**天惟畀矜尔**——上天就会赐福给你们。畀:给予;矜:怜恤。**尔不啻不有尔土**——不啻:不仅;土:土地。**予亦致天之罚于尔躬**——亦:此处作"还要"讲;躬:身。**今尔惟时宅尔邑,继尔居**——宅:安排;邑:此处不指城邑,而是指赖以维生的农业生产;继尔居:重建你们的家园。此处的继本为继承,但因是迁居以后,故可作重建解。**尔厥有干有年于兹洛**——厥:语助词;有干:大有作为;有年:长寿。**尔小子乃兴**——小子:此处泛指子孙后代;兴:昌盛。**从尔迁**——自……始,因……起。意为一切美好的前景都将从迁往洛邑开始。

今　译

序　京畿附近的新城成周建成之后,周王朝把殷商的遗臣顽民迁徙到这里,为此,周公代表天子发布诰令,制作了这篇《多士》。

……(上略)

天子诰令说:"殷商的遗臣们:现在我周家天子完满地执行着上天的命令。上帝的旨意就是要翦灭殷商,我当然要奉行天意,上报天帝。既然我不折不扣地遵从上帝的旨意,你们这些殷商王族也必须忠诚不二地顺从我大周朝廷。我必须明确告诉你们:要不是你们严重地违法犯禁,我是不会叫你们迁居的。可是三监之乱是从你们那里发难的,这就不能不加以处理了。但我考虑到对叛乱的罪魁祸首业已施行天罚,因此对你们也就不予治罪了。"

天子诰令说:"啊!正告你们这些殷商遗臣:正是为了上述原因,我才决定命令你们西迁的。这不是我做天子的一时心血来潮,使你们不得安宁。这是上帝的旨意,任何人不得违抗。倘有违抗不迁者,我必定立即奉行天罚,到时,你们可不要怨我。"

……(中略)

天子诰令说:"告诉你们这些殷商遗民们:正是为了宽大你们,我才向你们反复申述天意王命。朝廷之所以要在洛邑附近兴筑这座大城,固然是因为现在四方诸侯晋京朝觐时还没有一个接待他们的地方;但同时也是为了给你们提供一个为王室服务的场所。只有驯顺地臣服我大周朝廷,你们才可能仍然拥有自己的土地,仍然安居乐业。只要你们规规矩矩,上帝定会赐给福泽。否则,你们将不仅不能拥有自己的土地,而且我大周朝廷定将奉行天罚,严惩你们。"

"现在你们要抓紧时间,安排你们的生产,重建你们的家园。在这洛邑新城,你们定会大有作为、乐享天年的。你们的子孙后代,也一定会繁荣昌盛。这一切美好的前景都将从这次迁居开始。"

书　后

如果说《酒诰》是戒酒令,那么,《多士》就可以看是一篇移民令了。

建立成周,迁殷遗民,可以说是周王朝建立初期的一件大事。《尚书》中有好几篇都提到这件事。"多士"不是一般的百姓,而是"有位之士"。他们不仅有一定的地位、财产和影响,是一股不可忽视的政治势力;而且由于他们居住在旧时的殷都,在当地有千丝万缕的社会关系,周王朝对他们鞭长莫及。三监之乱正是得到这些人的赞助才发动起来的。为了防止类似三监之乱的事件重演,使过去的敌对势力转过来为新的统治者效劳,必须把"多士"置于朝廷的直接控制之下。这就是这篇移民令的政治目的。

《多士》是周公代宣王命所作的诰令,因而也是带有强制性的法令,从本篇所摘录的部分看,《多士》主要讲了以下几点:

一、首先指出"天命"的大道理,指出"有命曰割殷",翦灭殷商是上帝的旨意,周天子不过是"丕灵承帝事",奉行天命而已。既然周天子对上帝忠贞不二,那么,识时务者为俊杰,殷朝的遗民当然也应当对周天子唯命是从,积极拥护这个"移民令"了。

二、朝廷作出移民的决定,是由"多士"自身的行为引起的。三监之乱"自乃邑","惟尔洪无度",严重地违法犯禁,实在已经到了不迁不足以防乱止奸的地步。那些为首叛乱的元凶已经明正典刑,迁居就算是最宽大的处理了。

三、服从王命,规规矩矩迁往成周的,"尔乃尚有尔土,尔乃尚宁干止,尔克敬,天惟畀矜尔",不惟可以得到土地、家园,安居乐业,上天也将赐福。否则,"尔不啻不有尔土,予亦致天之罚于尔躬,"如果胆敢违抗王命,拒不西迁,那么不仅要遭到经济上的制裁,被剥夺土地,没收家财,而且还要受到法律的惩罚。何去何从,"多士"自不得不认真考虑。

四、讲明利害关系以后,又给以安抚。鼓励"多士""宅尔邑,继尔居",抓紧时间,安排生产,重建家园。这样便可以"尔小子乃兴,从尔迁",子孙后代的兴旺发达,都自迁居始。移民令为迁居者描绘了一幅美好前景的画图,要把它变成现实,得靠移民们自己的努力。

从以上几点看,这篇移民令的内容是相当丰富的。

立 政

原 文

立 政①

……（上略）

周公曰："……（中略）文王惟克厥宅心，乃克立兹常事司牧人，以克俊有德。文王罔攸兼于庶言。庶狱庶慎，惟有司之牧夫，是训用违。庶狱庶慎，文王罔敢知于兹。②

"亦越武王率惟敉功，不敢替厥义德。率惟谋从容德，以并受此丕丕基。"③

……（中略）

"今文子文孙孺子王矣。其勿误于庶狱，惟有司之牧夫。其克诘尔戎兵，以陟禹之迹。方行天下，至于海表，罔有不服，以觐文王之耿光，以扬武王之大烈。"④

"呜呼！继自今，后王立政，其惟克用常人"。⑤

周公若曰："太史：司寇苏公式，敬尔由狱，以长我王国，兹式有慎，以列用中罚。"⑥

注 释

①**立政**——《孔传》："言用臣当共立政，故以名篇。"但王引之说："政与

正同，正，长也"，释立政为"任用官长"。由于全文主要谈的是任贤用能之道，此说似也可从。据《史记·鲁周公世家》载："成王在丰，天下已安，……（周公）作《立政》以便百姓，百姓说（悦）。"《孔传》也说："周公既致政成王，恐其怠忽，故以君臣立政为戒"。据此，这篇文章大体作于成王亲政之初。

②**文王惟克厥宅心**——克：致力于；宅：省文，指所任命的大臣、诸侯、州牧等；心：指品德和才能。全句意思是说文王只抓选贤任能这个主要环节。**乃克立兹常事司牧人**——常事：日常的政务；司牧人：统指各部门的官吏。**以克俊有德**——俊：英俊，贤能。指所任命的人无不德才兼备，贤能称职。**文王罔攸兼于庶言**——罔：不；攸：所；兼：并，引申为多、繁；庶言：《蔡传》："庶言，号令也。……文王不敢下侵众职。"**庶狱庶慎**——一切司法工作和各种政令、禁令。慎，《蔡传》释为"禁戒"，从下文看，似指司法工作以外的各种政务。**惟有司之牧夫，是训用违**——是训用违：《正义》："是训，则称誉之事，用违，则毁损之事。"用：执行；违：违反。全句是说文王只是督促检查各部大臣是否执行王命而已。**文王罔敢知于兹**——《孔传》："文王一皆无敢自知于此，惟委任贤能而已"，意谓文王并不干预具体事务，只是委任贤能去管理。

③**率惟敉功，不敢替厥义德**——率：句首语助词；敉（mǐ）：完成、完善；功：指文王开创的事业；替：改变；义德：神圣的规范和法度。义：表示不移之理。**谋以容德**——谋：读如mén，力求、致力于；从：遵从；容德：《孔传》："文王宽容之德。"此处主要指文王宽容大度，能任贤用能的胸怀和气量。**以并受此丕丕基**——以：因而；并：省文，指君臣共同享有；丕丕：伟大；基：基业。

④**文子文孙孺子**——武王的孝子，文王的贤孙，你这年轻的人。文，美德。**其勿误于庶狱**——其：句首语助词，表祈使；勿误：不要贻误。《书经精华》释为"其必罔兼罔知"，意思是说，必须象文王那样，不要朝令夕改，不要包办代替。**惟有司之牧夫**——只是责成各部门的官吏各司其职。**其克诘尔戎兵**——克：致力于；诘：问，引申为管理、治理；戎兵：军队。**以陟禹之迹**——使政令及于大禹足迹所到之处。陟：达到。**方行天下**——王命遍行于天下。方：普遍。**至于海表**——表：外，海表：四海之外。**以觐文王之耿光**——使文王圣德的光辉照耀四方。觐：朝见，此处是指使天下臣民都瞻仰到；耿：明亮。**以扬武王之大烈**——扬：发扬；烈：《蔡传》："业也"。大烈就是轰轰烈烈的事业。

⑤**继自今，后王立政**——《蔡传》："并周家后人而戒之也。"**其惟克用常人**——常人：《蔡传》："常德之人，与吉士同实而异名"。

⑥**太史**——即史官。《立政》是周公叮嘱成王的话，故须由史官记录。**司寇**

苏公式——苏公：苏忿生，据说是武王的司寇，刚正不阿，刑罚得中，封于苏，故称苏公；式：榜样、模范。**敬尔由狱**——由：用，施行。**兹式有慎**——兹式：指苏公这一榜样；有，同又，进而言之也。**以列用中罚**——《蔡传》："能以轻重条例，用其中罚，而无过差之患。"

今　译

周公说："……（中略）由于文王十分了解臣下的品德，所以他任命的管理日常政务的官吏全都德才兼优，胜任本职工作。文王的号令并不纷繁，对于司法诉讼和其他政务，只是检查监督有关大臣是否执行王命，文王并不干预这些具体事务。"

"武王继承并完成了文王的事业，不敢违背文王神圣的典范。他效法文王宽厚任贤的伟大气度，才使我们君臣共同继承了这一份伟大的基业。"

……（中略）

"您是武王的孝子，文王的贤孙，年轻的天子。现在您已继承了王位，希望您切勿不适当地干预司法审判工作，各项具体政务要让主管大臣各负其责。您应该以主要精力管好您的军队，把您的政令推行到大禹的足迹所到之处，使普天之下，四海之滨无不臣服，让文王圣德的光辉照耀宇内，把武王轰轰烈烈的勋业发扬光大。"

"啊！我们后代的天子都要牢记，执政的首要就是必须选用贤才。"

周公最后说："太史，请你记录好，要以武王的司法大臣苏公作榜样，严肃认真，小心谨慎地做好你们所掌管的司法工作，使我周朝兴旺发达；尤其要学习苏公的执法谨严，使我们刑罚的施行轻重适度，不偏不倚。"

书　后

立政是周公还政成王时对他的劝勉之辞。主要内容是讲统治的艺术，并未直接涉及立法、司法的问题。但是，其中有一点是很值得注意的，那就是周公劝成王要象文王那样，对于"庶狱庶慎""罔敢知于兹"，不要下侵众职，不适当地干预司法工作和其他政务的具体事务。

当然，这和主张司法独立还有很大的不同，因为周公这番话不是从法律制度上来讲的，不是说司法官应当独立地行使职权，而是从统治者的指导思想上来讲的，是提请皇帝注意，不必干预司法工作的具体事务。身为一国之君的，应当集中主要精力"诘尔戎兵"和"克用常人"，抓好国防建设，注意选贤任能就行了。司法工作应当放手让各级司法官吏去做。

在中国封建社会里，司法和行政是不分的，而且司法是从属于行政的。皇帝既是最高的行政首脑，又是最高的司法长官，一言可以立法，也可以废法，岂止是"干预"司法工作而已。然而周公却能在新主即将亲自执政的时候，提出天子不宜干预具体的司法工作，并要史官将这些意见记录在案，作为备忘录，这说明了周公的远见卓识。

君　陈

原　文

君　陈^①

序　周公既没，命君陈分正东郊成周，作《君陈》。^②

王若曰："君陈，惟尔令德孝恭。惟孝友于兄弟，克施有政。命汝尹兹东郊。敬哉！"^③

"昔周公师保万民，民怀其德。往，慎乃司，兹率厥常，懋昭周公之训，惟民其乂。"^④

……（中略）

王曰："君陈，尔惟弘周公丕训。无依势作威，无倚法以削。宽而有制，从容以和。"

"殷民在辟。予曰辟，尔惟勿辟；予曰宥，尔惟勿宥。惟厥中。有弗若于汝政，弗化于汝训，辟以止辟，乃辟。"^⑤

"狃于奸宄，败常乱俗，三细不宥。"^⑥

"尔无忿疾于顽，无求备于一夫。必有忍，其乃有济；有容，德乃大。简厥修，亦简其或不修。进厥良以率其或不良。"^⑦

"惟民生厚，因物有迁。违上所命，从厥攸好。尔克敬典、在德，时乃罔不变，允升于大猷。惟予一人膺受多福，其尔之休。终有辞于永世。"⑧

注　释

①**君陈**——《孔传》："臣名也，因以名篇。"君陈是周公姬旦之子，伯禽之弟，有爵无封邑，故称"君陈"。按：《君陈》不见于今文本，是古文多于今文的篇章之一。

②**周公既没**——既：已经；没：去世。**命君陈分正东郊成周**——任命君陈兼任京畿东郊成周地区的长官。周公平定管、蔡、武庚之乱后，在京畿洛邑东郊之外新建一座大城，取名成周，将叛乱地区的殷商遗民旧臣迁置于成周地区，周公自兼成周长官。周公死后，成王命周公的儿子君陈接任其职。由于君陈也在中央任职，故称"分正"。正：同政，治理，管辖；东郊成周：成周在京畿东郊，故称。

③**令德孝恭**——令：美好，完美；孝恭：《蔡传》："事亲孝，事上恭。"亲指父母及其他尊亲属，上指君王。**惟孝友于兄弟**——《正义》："父母，尊之极；兄弟，亲之甚。缘其施孝于极尊，乃能施友于极亲。"**克施有政**——《蔡传》："惟其孝友于家，是以能施政于邦。"有：语助词，无义。**命汝尹兹东郊**——尹：本是小官之长，此处指担任长官之职；东郊：即成周地区。

④**师保万民**——师：老师，教育；保：媬姆，保育。**民怀其德**——怀：此处兼有"感受"，"怀念"之意。**慎乃司**——乃：你的；司：职司，职责。**兹率厥常**——兹：指当前的或现有的；常：常规，此处指现行的一切典章制度。**懋昭周公之训**——懋：即茂；昭：倡明，发扬光大；训：教导，典范。

⑤**尔惟弘周公丕训**——弘：发扬光大；丕：伟大。**无依势作威，无倚法以削**——《孔传》："无乘势位作威人上，无倚法制以行刻削之政"。刻削，指刑法的苛刻严峻。**宽而有制**——《蔡传》："宽不可一于宽，"即宽大应有一定限度。制：节制，限制。**从容以和**——从容：不急不怠的意思；和：协调。**殷民在辟**——殷民：指迁于成周地区的殷商遗民；在辟：触犯了刑律。**予曰辟**——予：成王自称；辟：判刑。**尔惟勿辟**——尔：指君陈；惟：仍然，勿辟：省文，意为"勿未经简核即辟"。下文'尔惟勿宥'，句型与此相同。**惟厥中**——惟：指唯一的准则；中：指定罪量刑不偏不倚，准确公正。**有弗若于汝政**——弗若：《孔传》释为"不顺"；政：政令。**弗化于汝训**——化：接受教化。**辟以止辟，乃辟**——《孔传》："刑之而惩止犯刑者，乃刑之"。意思是只有在能以刑罚制止

犯罪的情况下才施用刑法。

⑥**狃于奸宄**——一贯为非作歹。狃:《尔雅·释言》:"复也"。《孔传》释为"习",都是指惯犯。**败常乱俗**——《蔡传》:"毁败典常,坏乱风俗。"常指的是典章制度;俗指的是风化习俗。**三细不宥**——细:细微,轻微。三细即指上述一贯为非作歹和败常、乱俗三种犯罪中情节轻微者;不宥:不予宽贷。

⑦**无忿疾于顽**——《蔡传》:"无忿疾人之所未化。"意思是对于顽固分子不能意气用事,求之过急。**无求备于一夫**——求备:求全责备;一夫:一人。**必有忍,其乃有济**——忍:《孔传》释为"含忍",《蔡传》解释说:"小不忍则乱大谋。"照现在意思解释,是说要有耐心,善于等待;济:成功,达到目的。**有容,德乃大**——容:气量宽宏。**简厥修,亦简其或不修**——简:考核,留意;修:习之,此处为勤奋上进的意思。**进厥良以率其或不良**——奖励优秀人才,以带动那些不良之士。进:进用、拔擢、奖励;率:表率,带动。

⑧**惟民生厚,因物有迁**——生:天生,天性;厚:敦厚,善良;因:由于;物:客观环境;迁:变化。全句意思是说人的本性是善良的,由于环境的习染才变坏了。**违上所命,从厥攸好**——违背君上的政令,任着性子去干。从:顺从,任凭;厥:他的;攸好:所喜欢的。**尔克敬典、在德,时乃罔不变**——只要你兢兢业业遵循法律、典章,崇尚圣德,这些殷商遗民不会不转变的。**允升于大猷**——一定会蒸蒸日上,达到大治。允:诚然,一定;猷:治。**惟予一人膺受多福,其尔之休**——前人多解释成:作天子的有福,你君陈也就有福了。但按之上下文义,似恰相反,是说能使顽民教化,达于大治,天子无忧无虑,就是你君陈的治绩。休:美好、优秀,指治绩斐然。**终有辞于永世**——必然获得后代的赞美。终:终究,一定;辞:赞美之辞。

今 译

《尚书》序:周公逝世以后,成王任命周公的儿子君陈接替其父,兼管京畿东郊的成周大邑,因此写了这篇《君陈》。

成王说:"君陈,你的品德优异,对父母孝顺,对君王恭敬。既然能孝敬父母,尊兄爱弟,也就一定能施政有方,因此我任命你作成周大邑的长官,你可要兢兢业业地完成使命啊!"

"从前周公理政，总是象老师和嫫姆那样教导和抚育万民，所以至今百姓都蒙受和怀念他的恩德。你到任之后，只要谨慎地履行你的职责，维护正常的社会秩序，发扬周公的遗教，就一定能治理好所属的百姓。"

……（中略）

成王说："君陈，你务必发扬周公的伟大教导：切勿凭借权势，作威作福；切勿仗恃法律，滥刑苛罚。实行宽缓方针。但要有适当的限度，要从容运筹，协调各方面的关系。"

"对于犯了法的殷商遗民，即使我说该杀，你也不能未经审查就执行死刑；即使我说该赦，你也不能未经审查就释放了事。唯一的准则是公正准确地依照法律。对于那些不遵从你的法令，不接受你的教化的顽民，也只有当能起到以刑罚防止犯罪的作用时，才动用刑罚。"

"对于一贯作恶，破坏纲常，败乱风俗这三类犯罪，即使案情轻微，也不能宽免。"

"对于一时教化无效的顽固分子，不能急于求成，意气用事；对任何一个臣民，不能求全责备。必须有耐心，才能达到目的；必须虚怀若谷，才能光大圣德。对于一切臣民，既要看到他勤奋上进的优点，也要注意他偶尔怠惰消极的毛病；要奖励进用优秀人才来带动那些不求上进的人。"

"百姓的秉性本来都是惇厚善良的，只是由于环境的影响才发生了变化，有的人便违背国家的法令，我行我素地乱来。只要你兢兢业业地遵循典章法律，提倡王道圣德，耐心进行教育，这些坏人也不会不转变的。使我们的政治蒸蒸日上，臻于大治，让我作天子的安然无虑，享受清福，这就是你的德政治绩，它将会受到王室子孙世世代代的赞颂。"

书　后

　　成王亲政时，作为臣下的周公曾对他有所劝勉，待到周公的儿子上任，作为天子的成王又对他有所训示。看来西周时期对这一类言辞是非常重视的，所以一定要录之史书，传之后世。

　　《君陈》一篇的内容和前面各篇有许多相同之处：如宣扬周朝"师保万民，民怀其德"的一贯方针，主张对殷商遗民"宽而有制，从容以和"等等。但是，《君陈》也有它自己的特色，在某几个问题上，讲得格外深刻。

　　一、提出"无忿疾于顽，无求备于一夫"的思想。对桀骜不驯，不服王法的"顽民"怎么办，古代的政治家是有不同主张的。比如韩非，他就反对以"宽缓之政，治急世之民"，主张用严刑峻法，甚至轻罪重罚解决问题。《君陈》篇显然是反对严刑峻罚的高压政策而主张实行教化的。所谓"教化"和镇压无非是统治阶级交替使用的两手。这里我们不能说"教化"就绝对比高压更进步，而只是说《君陈》篇里提到的"无忿疾于顽，无求备于一夫"的思想说明当时的统治阶级对如何有效地进行统治，在认识上已经达到如此的高度。这一点是值得我们重视并加以借鉴的。对不服教化的"顽民"，不能意气用事，急于求成；对普通臣民不能求全责备，以及在看到一个人的优点的时候要注意到他的不足，用奖励先进的办法去启迪后进等等，不仅对于司法工作，对于其他工作也是有普遍意义的。

　　二、根据"惟民生厚，因物有迁"，强调对百姓做教育转化工作。"惟民生厚，因物有迁"，是一种性善论的观点。就和《三字经》里说的"人之初，性本善"，"苟不教，性乃迁"一样。成王认为那些殷朝顽民也是"因物有迁"，受到环境的影响，才由善变"顽"的，正因为如此，才有必要给他们换一个有良风美俗的环境，再加上统治者的"敬典、在德"，遵循典章法律，宣扬王道圣德，这些殷的顽民一定会改恶向善的。

三、特别值得注意的是成王给君陈讲了这样几句话："殷民在辟。予曰辟，尔惟勿辟；予曰宥，尔惟勿宥。惟厥中。"成王身为天子，却能主动告诉他的臣下，在办理案件时，不要以天子个人的意见为准，而要以法律的规定为准，这在历代的封建帝王中的确是少见的。唐太宗就算是一代明主了，可是他还曾对按法应当判处流刑的"诈伪资荫者"下敕判处死刑，而且对坚持依法办事的戴胄大发脾气，只是在戴胄据理力争之后，他才说"法有所失，公能正之，朕何忧也。"当然，唐太宗这样做也算是不错的了，而周成王主动提出这样不以言废法的主张，要臣下贯彻执行，反映了在这一点上他的认识达到了一个较高的水平。

吕 刑

原 文

吕　刑①

序

吕命穆王，训夏赎刑，作《吕刑》。②

吕　刑

惟吕命：王享国百年，耄，荒度作刑，以诘四方。③

王曰："若古有训。蚩尤惟始作乱，延及于平民，罔不寇贼，鸱、义、奸、宄、夺、攘、矫、虔。④苗民弗用灵，制以刑。惟作五虐之刑，曰法，杀戮无辜。爰始淫为劓、刵、椓、黥。越兹丽刑并制，罔差有辞。⑤民兴胥渐，泯泯棼棼，罔中于信，以覆诅盟。虐威庶戮，方告无辜于上。上帝监民，罔有馨香德，刑发闻惟腥。⑥皇帝哀矜庶戮之不辜，报虐以威，遏绝苗民，无世在下。⑦乃命重、黎，绝地天通，罔有降格。群后之逮在下，明明棐常，鳏寡无盖。⑧皇帝清问下民，鳏寡有辞于苗。德威惟畏，德明惟明。⑨乃命三后，恤功于民。伯夷降典，折民惟刑。禹平水土，主名山川。稷降播种，农殖嘉谷。三后成功，惟殷于民。士制百姓于刑之中，以教祗德。⑩穆穆在上，明明在下，灼于四方，罔不惟德之勤。故乃明于刑之中，率乂于民棐彝。⑪典狱，非讫于威，惟讫于富。敬忌，罔有择言在身。惟克天德，自作元命，配享在下。⑫"

王曰："嗟！四方司政典狱，非尔惟作天牧，今尔何监？非时伯夷播刑之迪。其今尔何惩？惟时苗民匪察于狱之丽；罔择吉人观于五刑之中；惟时庶威夺货，断制五刑，以乱无辜。上帝不蠲，降咎于苗。苗民无辞于罚，乃绝厥世。⑬"

王曰："呜呼，念之哉！伯父伯兄，仲、叔、季弟，幼子、童孙，皆听朕言，庶有格命。今尔罔不由慰日勤，尔罔或戒不勤。天齐于民，俾我一日。非终惟终在人。尔尚敬逆天命，以奉我一人。虽畏勿畏，虽休勿休。惟敬五刑，以成三德。一人有庆，兆民赖之，其宁惟永。⑭"

王曰："吁，来！有邦有土，告尔祥刑：在今尔安百姓，何择，非人？何敬，非刑？何度，非及？⑮两造具备，师听五辞。五辞简孚，正于五刑；五刑不简，正于五罚；五罚不服，正于五过。⑯五过之疵，惟官，惟反，惟内，惟货，惟来。其罪惟钧，其审克之！五刑之疑有赦，五罚之疑有赦，其审克之。⑰简孚有众，惟貌有稽。无简不听，具严天威！⑱"

"墨辟疑赦，其罚百锾，阅实其罪。劓辟疑赦，其罚惟倍，阅实其罪。剕辟疑赦，其罚倍差，阅实其罪。宫辟疑赦，其罚六百锾，阅实其罪。大辟疑赦，其罚千锾，阅实其罪。墨罚之属千，劓罚之属千，剕罚之属五百，宫罚之属三百，大辟之罚，其属二百。五刑之属三千。⑲"

"上下比罪，勿僭乱辞。勿用不行。惟察惟法，其审克之。"⑳

"上刑适轻，下服；下刑适重，上服。轻重诸罚有权，刑罚世轻世重。惟齐非齐，有伦有要。"㉑

"罚惩非死，人极于病。非佞折狱，惟良折狱，罔非在中。察辞于差,非从唯从。哀敬折狱。明启刑书胥占,咸庶中正。其刑其罚,其审克之。狱成而孚,输而孚。其刑上备,有并两刑。^㉒"

王曰:"呜呼,敬之哉!官、伯、族、姓。朕言多懼。朕敬于刑,有德惟刑。今天相民,作配在下。明清于单辞,民之乱,罔不中听狱之两辞,无或私家于狱之两辞。狱货非宝,惟府辜功。报以庶尤,永畏惟罚。非天不中,惟人在命。天罚不极,庶民罔有令政在于天下。^㉓"

王曰:"呜呼,嗣孙!今往何监,非德于民之中?尚明听之哉!哲人惟刑。无疆之辞,属于五极。咸中有庆,受王嘉师,监于兹祥刑。^㉔"

注　释

①**吕刑**——吕:指吕侯,周穆王的司寇。《吕刑》即表示是由吕侯秉承王命制作的刑法。《蔡传》:"吕侯见命为天子司寇,穆王命训刑以诘四方,史录为篇。"吕侯封地在甫,又称甫侯,故《吕刑》有时也被叫作"甫刑"。

②**吕命穆王,训夏赎刑**——命:此处作"受命于"解;训:前人均释为"训畅",有"发扬"的意思;夏:指夏朝;赎刑:孔颖达认为与《舜典》中的"金作赎刑"有别。"金作赎刑",是允许用财物赎罪,而《吕刑》中的赎刑是一种独立的刑种,以代替肉刑,这是西周刑法的一大改革。所谓"训夏赎刑",即表明《吕刑》的从宽精神。

③**惟吕命**——惟:语助词;吕:即吕侯;命:省文,意为"传达王命"。《蔡传》:"'惟吕命'与'惟说命'语意同,先此以见训刑为吕侯之言也。"**王享国百年**——王:指周穆王;享国:享有天下;百年:约数。《史记》载,穆王即位时年已五十,执政又五十年。这里说周穆王已年近百岁。耄(mào)——《礼记·典礼上》:"八十、九十曰耄。"有年高德隆的意思。**荒度作刑**——荒:大也,引申为宽大的意思,荒度即放宽尺度。**以诘四方**——责成四方诸侯、各级官吏施行新法。诘:责成。

④**若古有训**——若:这,指司法问题;有:多,丰富;训:经验教训。**蚩**

尤惟始作乱，延及于平民——蚩尤：苗族的酋长，相传为黄帝时的诸侯，因叛乱，被黄帝击灭于涿鹿之战；作乱：此处指破坏法度；延及于平民：《正义》："恶化递相染易，延及于平善之人。平民化之，亦变为恶。"全句意思是说自蚩尤当政以来，法制紊乱，上行下效，风气败坏。**罔不寇贼**——罔：没有；寇贼：《正义》："群行攻劫曰寇，杀人曰贼，言攻杀人以求财也。"**鸱、义、奸、宄、夺、攘、矫、虔**——鸱：枭鸟一类。鸱义，《蔡传》："以鸱张跋扈为义"，意为象鸱枭一样凶恶（把鸱枭的恶习当作行事的准则）。王引之《经传释辞》认为："鸱者，冒没轻谇；义者，倾邪反侧"，则把鸱、义作为两种行为或品行。王氏对鸱的注释颇费解，但对义的解释有可取之处。因为这里显然是列举的八种恶劣行为；矫：诈骗；虔：本为古时的一种兵器，引申为杀人，此处指谋财害命。

⑤**苗民弗用灵，制以刑**——灵：曾运乾说："灵当为令，声音之讹也。"弗用令，即不受法度之约束。《孔传》："三苗之君习蚩尤之恶，不用善化民而制以重刑"，把灵释为善（政）。按《吕刑》中的苗民，有时指苗族百姓，有时指苗族酋长，有时又统而言之。此处指苗族统治者，故以《孔传》之说为宜。**惟作五虐之刑，曰法**——《正义》："而更制重法，……乃言曰：'此得法也'"。《书经精华》："制以重刑，惟于古人所立……之五刑更加惨虐，以为五虐之刑，非法而自谓法。"后一解释较确。**爰始淫为劓、刵、椓、黥**——爰：于是；劓（yì）：割鼻；刵（ěr）：割耳；椓（zuó）：宫刑；黥（qíng）：刺面。**越兹丽刑并制**——越兹：甚至于；丽刑并制：曾运乾说："丽刑并制者，既罚金，又加以刑，又籍家也。"丽：处以罚金。**罔差有辞**——不审查狱辞之有无出入。孔颖达疏："言滥及无罪者也。"

⑥**民兴胥渐**——民：指三苗之民；兴：起，始；胥：原指蟹酱，转义为一塌胡涂。全句意为苗族的风气由此日益败坏。**泯泯棼棼**——《蔡传》："泯泯，昏也；棼棼（fēn），乱也。"**罔中于信**——中：标准，准绳；信：信义。**以覆诅盟**——《正义》："虽有要约，皆违背之"，将覆解释为违反。苏轼对此句解释说："人无所诉，则诉于鬼神。德衰政乱，则鬼神制世，"将覆解释为覆盖，引申为流行，将诅盟解释为诉于鬼神，即巫判，通观上下文意，似以苏说为当。**虐威庶戮，方告无辜于上**——虐威：指三苗的暴政；庶戮：指被荼毒、杀戮的庶民百姓；方：一同。**罔有馨香德**——不见人间有馨香（美好）的德政；**刑发闻惟腥**——惟闻刑杀血腥之气。

⑦**皇帝**——皇：大，皇帝可指上帝，此处是指尧。**报虐以威**——指尧奉行天罚对三苗进行惩处。**遏绝苗民，无世在下**——世：指国君的祭祀，也即王位、政权。无世在下即消灭了苗族的统治者。据《史记》、《国语》等书记载，苗族

是当时的一个大民族，史称九黎、三苗。颛顼、尧、舜，都同它进行过大规模的战争。

⑧**乃命重、黎，绝地天通**——重、黎：人名，为尧时的大臣。重司天，主管对神的祭祀，黎司地，主管民事。后世把这两种官职也称作重、黎；绝：断绝，禁止；地天通：《孔传》："人神不扰，各得其序，是谓绝地天通。"实即指不再靠巫判来办案了。**罔有降格**——降格：即降神，指巫人假托神意进行审判。**群后之逮在下**——群后：公卿诸侯们；在下：下属的官吏。**明明棐常**——前一明为动词，有讲求之意，后一明为名词，指清明之道；棐（fěi）：辅助；常：纲常。《孔传》对此句注为"皆以明明大道，辅行常法。"**鳏寡无盖**——盖：蔽盖，《书经精华》解释为："虽鳏寡至微，其情皆得自伸，无有蔽盖，"就是说连鳏寡微贱之人也能各得其所，不受压抑，冤屈。

⑨**皇帝清问下民**——皇帝：前人注疏均释为尧；清问：《孔传》："详问民患"，《蔡传》："虚心而问"，马融说："清，询也。"按清问不同于一般的询问，有体贴、关怀之意。《蔡传》之说较妥。**鳏寡有辞于苗**——鳏寡之人对三苗暴政进行控诉。**德威惟畏，德明惟明**——有德之威才能使人畏威怀德。只有以德教人才能使人自勉以明德。《正义》对此句疏道："言尧所行，赏罚得其所也。"

⑩**乃命三后，恤功于民**——三后：指下文所说的伯夷、大禹、后稷；恤：爱护、照顾。《蔡传》对"恤功于民"的解释是"致忧民之功也。"**伯夷降典**——伯夷：尧的名臣，相传他曾创制三礼。《蔡传》："典，礼也。伯夷降天地人之三礼，以折民之邪妄。"古时失礼则入刑，故《尚书·大传》说："伯夷降典，折民惟刑者，谓有礼然后有法也。"降，以上教下。**农殖嘉谷**——农：努力；嘉：同佳。**士制百姓于刑之中**——士：士师，司法官吏；中：公正，不偏不倚。**以教祗德**——《书经精华》释祗德为敬德。全句的意思是说制百姓于刑之中的目的在于教民崇德向善。

⑪**穆穆在上，明明在下**——上有圣德的天子，下有贤明的臣僚。穆穆：圣德雍容之貌。**灼于四方**——德泽照耀四方。灼：强烈燃烧。**惟德之勤**——倒文，即惟勤于德。**率乂于民棐彝**——率：承上的连词，相当于现在所说的"从而"；乂：治理；棐：辅助；彝：伦常，法度。

⑫**典狱**——典：主持；狱：刑事案件。此处总指司法工作。**非讫于威，惟讫于富**——讫：《蔡传》："尽也"，此处指司法工作的终极目的；富：通福，指造福于民。**敬忌**——《书经精华》说："敬者，慎刑之至而察之必尽其心也，忌者，畏刑之至而施之惟恐不当也。"总的是讲司法官员的态度应当慎之又慎。**罔有择言在身**——前人解释颇多穿凿。按：择当为"殚"（dān，败坏）的

通假。全句的意思是司法官员要做到使人无可疵议。**惟克天德**——能贯彻上天之德。克：胜任，完成。**自作元命**——自：自己；作：为，求；元：大。元命，指统治者自称代天牧民的伟大使命。郑玄说："大命，谓延期长久也，"有永远如此的意思。《正义》："大命由己而来，是自为大命"。**配享在下**——配：指配侍上天；享：《正义》："享训当也"；在下：《蔡传》："对天之辞，"即指人间。

⑬**非尔惟作天牧**——尔：你们，以下几个尔字亦同；天牧：代天牧民的意思。《左传·襄公十四年》："天生民而立之君，使司牧之。"**今尔何监**——监：即鉴，镜子。**非时伯夷播刑之迪**——时：即"是"，这；迪：道。**其今尔何惩**——惩：惩戒，引申为教训。**于狱之丽**——丽：通罹，遭遇，涉及，此处指案件所涉及的内容。**罔择吉人观于五刑之中**——吉人：贤士良才的统称；观：考察。**惟时庶威夺货**——时：这；庶：众多，庶威犹"淫威"。**断制五刑以乱无辜**——断：武断，专横；制：施行；乱：《孔传》："断制五刑，以乱加无罪。"**上帝不蠲**——蠲（juān）：消除，减免，转义为宽恕。**苗民无辞于罚**——无辞：无言可答，无可辩解。

⑭**伯父伯兄，仲、叔、季弟，幼子童孙**——伯父伯兄：作侯伯的父辈兄辈；仲、叔、季弟：指年少于穆王的弟辈。仲、叔、季是排行；幼子童孙：指穆王的子孙辈。幼、童表示亲爱，不是说他们都是幼童。**庶有格命**——庶：庶几；有：保有；格命：《正义》："格训至也，……至命当谓至善之命。"按至命和上文的大命同义。**由慰日勤**——"慰由日勤"的倒文。慰：安慰；由：由于；日勤：终日勤于政务。**罔或戒不勤**——或：偶而；戒：《蔡传》："顷刻之不勤，则刑罚失中，虽深戒之，而已施者亦无及矣。戒固善心，而用刑岂可以或戒哉。"**天齐于民，俾我一日**——齐：约束；一日，暂时，《蔡传》："刑狱非所恃以为治也。天以是整齐乱民，使我为一日之用而已。"**非终惟终在人**——蔡沈把这句释为如《康诰》中所说的惯犯，偶犯，意思是说坚持犯罪、怙恶不悛还是偶尔失足，悔过自新，关键在于本人。这种解释在此处似太突然。《孔传》："非为天所终，惟为天所终，在人所行，"《正义》疏道："务欲称天之心。坠失天命，是不为天所终。……非为天所终，惟为天所终，皆在人所行。"意思是说，刑罚在人间，究竟能否称天之心，关键在于人们怎么司法。这样解释，承上接下，较为吻合，译文从之。**尔尚敬逆天命**——尚：庶几，此处有"希望"、"但愿"之意；逆：迎合；天命：指上文所说上天降刑的本意。**虽畏勿畏，虽休勿休**——《蔡传》："畏，威古通用。畏，辟之；休，宥之也。"可见畏、休就是说的镇压与宽大。《孔传》将此句释为："行事虽见畏勿自谓可敬畏，虽见美勿自谓有德美，"则是说人当戒骄戒躁，似乎离题太远。**惟敬五刑，以成三德**——

敬：谨慎；三德：即《洪范》中所说的正直、刚克、柔克。**一人有庆，兆民赖之，其宁惟永**——一人：指天子；庆：福，善，《正义》："天子有善，以善事教天下，则兆民蒙赖之。"宁：天下太平；永：长久。

⑮**有邦有土**——有邦：指拥有邦国的诸侯；有土：指享有封邑的公卿大夫。**告尔祥刑**——祥刑：《孔传》："告汝以善用刑之道"。《蔡传》："刑，凶器，而谓之祥者，刑期无刑，民协于中，祥莫大焉。"二说皆可参考。但《孔传》讲的是刑法的运用，而不是刑法本身；《蔡传》虽说的是刑法本身，但用"刑期无刑"来解释"祥刑"，似有未洽，故祥刑不如直接译作"完善的刑法"。**何择？非人，何敬？非刑，何度？非及**——人：指司法官吏；度：审查；及：《蔡传》："逮也。"苏轼解释说："罪非己造，为人所累曰及，秦汉之间谓之逮。"按：及即株连。

⑯**两造具备**——两造：诉讼双方当事人。**师听五辞**——师：下大夫一级的刑官，也可泛指一切司法官，此处为后一义；听：断也，即审理案件；五辞：《周礼·小司寇》："一曰辞听，二曰色听，三曰气听，四曰耳听，五曰目听。"郑玄注："观其出言，不直则烦；观其颜色，不直则赧然；观其气息，不直则喘；观其听聆，不直则惑；观其眸（眸）子视，不直则眊然。"赧（nǎn）是羞愧，脸红，眊（mào）是眼睛昏花。**简孚**——简：复核；孚：符合，属实。《蔡传》："简，核其实也；孚，无可疑也。"**正于五刑**——正：校正，此处言依律定罪量刑。**五刑不简**——不应判处五刑的。**五罚不服，正于五过**——五罚：五等罚金刑；五罚不服：不应判处五等罚金刑的。《孔传》："不服，不应罚也；"过：过失罪。《正义》："过失，可宥则赦宥之。"但王安石却另有一解，他说："过而未丽于法者，桎梏而坐诸嘉石，役诸司空。此治五过之法，非免释之也。"（《王临川集》卷六十五）按嘉石又称文石，是大司寇听讼时诉讼人所立之处。照王安石的解释，过失罪并不一律赦宥，而是带上刑具，坐于嘉石，或拘押起来进行劳动。从原文看，将五过与五刑、五罚并提，且分为五个等级，王安石的解释比较合理。

⑰**五过之疵**——错判五过的病根，意思是将五刑，五罚之罪判成五过，或将五过之罪错判为五罚、五刑。概言之统指法官贪赃枉法，出入人罪。《正义》："从刑入罚，从罚入过，此五过之所病者，""皆谓狱吏故出入人罪。"**惟官，惟反，惟内，惟货，惟来**——指贪赃枉法的五种情况。官：官官相卫；反：打击报复；内：三亲六戚；货：贿赂；来：人情请托。**其罪惟均**——《正义》："此狱吏之罪，与犯法者同。"《蔡传》："出入人罪，则以人之所犯坐之；"其：指枉法的官吏。**其审克之**——其：语助词，表祈使；审：仔细，审慎；克：努力完

成。《蔡传》:"审克者,察之详而尽其能也。"

⑱**五刑之疑有赦**——疑:不确,指犯罪事实难以确定;赦:宽赦,此处实际指从宽,从轻。**简孚有众**——向群众调查了解。《周礼·小司寇》:"以三刺断庶民狱讼之中:一曰讯群臣,二曰讯群吏,三曰讯万民。"刺:打听,了解。讯万民,即向人民群众了解。**惟貌有稽**——极小的事情也要核实。貌:本作"緢",《说文解字》系部第四十六"緢":"旄丝也……《周书》曰:'惟緢有稽'。"旄丝,极言其细微也;稽:核对,查实。**无简不听**——未经核实的事不能凭信。**具严天威**——《孔传》:"具狱皆当严敬天威,无轻用刑。"言法官应慎重用刑,不可枉法,以防天罚。

⑲**墨辟疑赦**——墨:刺面之刑,《正义》:"一名黥……先刻其面,以墨窒之。言刻额为疮,以墨塞疮孔,令变色也";辟:此处作"罪"解。《书经精华》引陈大猷说:"载于法谓之刑,加于人谓之辟。"**其罚百锾**——锾(huán):古代的重量单位,1锾重6两。**阅实其罪**——《正义》:"检阅核实其所犯之罪,使与罚名相当,然后收牧其赎。"(《书经精华》引此段疏时,作"使与罚各相当")。**惟倍**——按墨辟的罚金加倍,即200锾。**倍差**——《孔传》:"倍差谓倍之又半,为500锾。"按倍差仍应以墨辟之罚金为起算点,其具体计算办法应是一倍再加其差额,即200+(200-100),为300锾。**墨辟之属千**——规定应处墨刑之罪的条款有1000。属:条款。**五刑之属三千**——总计应处五种刑罚之罪的条款有3000。按《周礼·司刑》说:"墨罪500,劓罪500,宫罪500,刖罪500,杀罪500,"总数为2500条,而《吕刑》规定五罪总数为3000条,总数有所增加,但墨辟就占去1000,大辟之罪只有200条,说明轻罪增多,重罪减少,故有祥刑之说。

⑳**上下比罪**——前人对此有几种解释:1.指量刑时的权衡轻重。《正义》:"上下比方其罪之轻重,上比重罪,下比轻罪,观其所犯,当于谁同。"2.指类推。《蔡传》:"罪无正律,则以上下刑而比附其罪也,"即律无明文者援引相近条款。3.指比附判例。清人王巨源认为:"刑如律,比如例。上下比罪,谓于法无此条,则上下比其轻重,然后定其轻重之法(办法),如今律无明文,则许用例也。"三说中以王巨源之说较确。**无僭乱辞**——僭:超越,引申为"夸大"或"缩小";乱:混乱,颠倒曲直。**勿用不行**——用:援用;不行:指无效的法律,包括失效和尚未生效的。

㉑**上刑适轻,下服**——服:《孔传》"训从";(见《舜典》"五刑有服"一句)适轻:从轻的情节。**轻重诸罚有权**——诸罚:指从百锾到千锾的各等罚金;有权:灵活性,权即变通。**刑罚世轻世重**——判处刑罚的轻重应随社会的治乱

不同而定。《荀子·正论》说："刑称罪则治，不称罪则乱，故治则刑重，乱则刑轻。犯治之罪固重，犯乱之罪固轻也。《书》曰：'刑罚世轻世重，'此之谓也。"**惟齐非齐**——审理案件，依据同一部法典，这就叫齐，定罪量刑，斟酌轻重，就是非齐。**有伦有要**——伦：次序。主次；要：关键。《蔡传》："法之经也。"全句意思是要分清主次，掌握要点。

㉒**罚惩非死**——罚惩：罚金这种惩罚手段；非死：并不置人于死地。**人极于病**——能给人带来极大的痛苦。病，以此为病。**非佞折狱**——佞：巧言善辩；折狱：审判案件。**察辞于差**——察辞：审察案犯的供辞；差：矛盾。**非从惟从**——《孔传》："非从其伪辞，惟从其本情，"把从解释为"听信"，但由上下文看来，从应取"顺从"之意，引申为"招认"。即对拒不招认的罪犯，可以从供词的矛盾中发现问题，视其为招认。**哀敬折狱**——哀：对罪犯抱怜悯的态度；敬：对法律持恭敬的态度。**明启刑书胥占**——援引法律判决时要在法庭上公开进行，有几个司法官时要共同议定。明：正大光明；刑书：法典；胥：共同；占：对照律条。**其刑其罚，其审克之**——事关刑之所加，罚之所施，务希谨慎从事。**狱成而孚，输而孚**——审理结束或逐级上报复核的案件，必须核实无误。狱成：结案；孚：信用，此处指符合实情，使人信服；输：报告，送达，此处指案件的逐级上报复核。**其刑上备**——上：上报；备：完备，指全案材料须完整上报。孙星衍认为是"具列爰书上之，勿增减罪状也。"按爰书即古时记录囚犯供辞的文书。《汉书》颜师古注："爰，换也。以文书代换其口辞也。"**有并两刑**——指数罪并罚。曾运乾对此解释说："一人犯数罪者，以其重罪科之。"

㉓**官、伯、族、姓**——《蔡传》："官，典狱之官；伯，诸侯；族，同族；姓：异姓。"因是论刑，故官列于首。**今天相民，作配在下**——相：保佑，荫庇；配：为天之配，指君王。作配在下是说上天设置了人间的君王。**明清于单辞**——明：明白无误；清：清楚透彻。《蔡传》："明者，无一毫之蔽；清者，无一点之污；"单辞：各个当事人的供述。《正义》："单辞，谓一人独言，未有与对之人，讼者多直己以曲彼，构辞以诬人，单辞特难听，故言之也。"**民之乱，罔不中听于狱之两辞**——乱：治理。《尔雅·释诂》："乱，治也"，一说解如今义，"民之乱"，即解决人民的纠纷，当以前说为是；中听：公正无私地听取；两辞：单辞之对，指双方当事人的供述。**无或私家于狱之两辞**——私家：偏袒。**狱货非宝**——狱货：贿赂。《蔡传》："鬻狱而得货"；非宝：不是可宝贵的。《正义》："治狱受货，非家宝也，惟是聚罪之事"。**惟府辜功**——府：积累；辜：罪恶；功：绩也，状也。**报以庶尤**——要遭受上天惩罚的报应。《书经精华》引陈

师凯说:"舞文得货,非所为宝,不过自积其枉法之罪状。罪恶贯盈,则天必降之百殃。"庶:众多;尤:法官贪赃枉法引起的怨尤。**非天不中,惟人在命**——意谓不是上天不公,受到天罚是咎由自取。中:公平;在:取决于。**天罚不极,庶民罔有令政在于天下**——上天若不及时惩罚贪赃枉法的司法官,百姓虽然生活在上天的庇荫之下,却得不到善政。极:通亟,引申为迅速,及时,但也有人释极为高,言指君主,如《孔传》说:"人主不中,将亦罚之。"综观上下文意,以极训"及时"为好;令政:良好的政治。

㉔**嗣孙**——统指后此继承江山的子孙后代。**非德于民之中**——设问,意为难道不是为人民树立中正之德吗?**尚明听之哉**——《孔传》:"庶几明听我言而行之哉。"尚:希望;听:听从,信服。**哲人惟刑**——王引之《经籍述闻》说:"哲,当读为折,折之为制也。折人惟刑,言制人民者,惟刑也。"虽似言之成理,但与全文旨意颇不相合。《孔传》等均将"哲人",释为"明哲之人"或"智人"。这是对的,但他们却将"哲人惟刑"和后句"无疆之辞"串讲,解释为:"智人惟用刑乃有无穷之善辞,"似又欠妥。按,这句话的意思是说贤哲的人君总是把搞好刑政放在首位的。**无疆之辞,属于五极**——诉讼中的大量材料,无一不关系到五刑五罚。无疆,无穷无尽,极言其多;五极:五种极端手段,指五刑五罚等刑罚方法。**受王嘉师**——《蔡传》:"嘉:善;师:众也。诸侯受天子良民善众。"《正义》:"汝有邦有土之君,受王之善众而治之。"他们都把师解释成民众,但窥之全文,师应指士师,即各级司法官,包括"四方司政典狱"、"有邦有土",和"官伯族姓"等所有能够行使司法权力的人。故此句当译为"所有贤明的秉承王命的各级司法官吏。"

今 译

《尚书》序:司寇吕侯奉周穆王之命,本着夏朝"金作赎刑"——以财物赎罪的精神,制定了《吕刑》。

《吕刑》全文

吕侯传达王命:天子现已百岁,年高德劭,特本宽厚精神,颁布法典,责成全国一体遵行。

天子说:"关于司法问题,历史上的经验教训非常丰富。自从苗族酋长蚩尤作乱以来，上行下效，影响到平民百姓。有的结伙行凶，杀人越货，有的嚣张跋扈，横行霸道，有的偷、抢、诈骗，谋财害命。苗族的当政者不对人民进行教化，却想用严刑峻法制服百姓。他们把五种酷刑奉为国法，杀戮无辜。从此以后，大肆采用割鼻、挖耳、阉割、刺面等肉刑，甚至既处肉刑又科罚金，抄没家财，而且根本不详审案情。"

"苗族的风气日益败坏，社会混乱不堪，没有评定是非的标准，只好依赖鬼神，实行巫判，以致被滥刑杀戮的冤魂纷纷向上天诉冤。上帝察视人间，见苗族地区没有德政的芳香，只有滥刑的血腥之气。尧帝怜悯百姓的无辜受戮，对这种暴政奉行天罚，断绝了他们的祭祀，然后命令重、黎二人分管祭祀和民事，废除了巫判假借通天降神干预人事的办法；使公卿诸侯及大小官吏都致力于光大德政，辅持纲常；使鳏寡微贱的人不致受到压抑和冤屈。帝尧垂询百姓，见那些孤老寡幼纷纷反映苗区的问题，深感只有施行德政，才能树立威信，使人民敬畏，政治才算清明，于是任命三位大臣进行造福人民的工作。伯夷制礼仪，依据法典约束百姓；大禹治洪水，给山川命名；后稷教民播种五谷，努力生产。三位大臣的丰功伟绩给人民造福不浅。自此以后，各级司法官都能严格按照法律准则约束百姓，教育人民崇德向善。上有盛德的天子，下有贤明的群臣，德泽照耀四方，上下莫不勤勤恳恳，致力于施行德政。由此可见，实行公正宽和的法律才有助于治理百姓，维护纲常。司法工作的最终目的不是为了施威镇压，而是为了造福人民。身为司法官的必须兢兢业业，使人无可疵议。要全心全意贯彻上天的好生之德，永远肩负起替天牧民的使命，享受统治人间的尊荣。"

天子说："啊！四方执政和主管司法的官员们！不正是你们在执行替天牧民的使命吗？你们以什么作典范呢，难道不就是伯夷所教导的礼仪刑法吗？你们拿什么引以为戒呢，难道不就是苗族对案件不加详察，罪及无辜吗？他们不挑选优秀的司法官吏，不本着宽缓的精神运用五刑，而一味施展淫威，掠夺民财，滥用五刑，残害无辜。上帝不能宽恕，降罪于苗族，苗族当局对此天罚无可申辩，因而也就亡位绝祀了。"

天子说："唉！身为诸侯公卿的王室长辈，各位王兄王弟、王子王孙们，记住啊！只有听我的话，才能永保江山。你们现在既然无不以每日勤于政务而自慰，那就不能有偶尔一次的疏忽。天降刑法以约束百姓，只是一种辅助手段，能不能达到这个目的，关键就在于我们怎么做。希望你们以敬从天意的态度来遵奉我的意旨。执法立威，但不能一味施威；实行宽大，也不能一味宽纵。要谨严慎重地运用五刑，以实现'正直'、'刚克'、'柔克'的方针。这样，天子高兴，亿万臣民也赖以幸福，天下就可永享太平。"

天子说："呀！拥有国家的诸侯，享有封地的公卿大夫们，来吧！让我告诉你们怎样推行完善的刑法。现在你们要使百姓安定，首先要选择的是什么，难道不是好法官吗？首先要重视的是什么，难道不是司法工作吗？而特别要考虑的是什么，难道不是涉及定罪量刑的问题吗？在审案中，诉讼双方到齐之后，法官要从五辞——他们的语言、脸色、呼吸、听觉、眼神五个方面考察其供述是否属实。通过对五辞的核对，查清事实以后，首先要比照五刑定罪量刑；不够判处五刑的，比照五种罚金来判处；不够判处五罚的，再比照五等过失行为来处理。若果发生偏差，把五刑、五罚判成五过，或把五过判成五刑、五罚，那一定是法官官官相卫，打击报复，亲亲包庇，收受贿赂，徇私讲情造成的。犯有上述罪行的法官，一定要处以各该案案犯应科之罪，所以各级法官务必审慎从事。应判五刑但事实有疑，难于认定的，要从轻处罚。应判五罚，但事实有疑，难于认定的，也要减免。

处理这类案子务必要审慎从事。核实案情可向大众调查了解，哪怕是极细微的情节，也要查证核实；凡未经核实的事都不足为信。司法人员要牢记这些，敬重天罚的威严。"

"应判刺面之刑而事实尚难认定的，可从宽判处罚黄铜600两，但仍需查明其犯罪事实。应判割鼻之刑而事实尚难认定的，可从宽判罚黄铜1200两，但仍应查明其犯罪事实。应处断足之刑而事实尚难认定的，可从宽判罚黄铜1800两，但仍应查明其犯罪事实。应处宫刑而事实尚难认定的，可从宽判罚黄铜3600两，但仍应查明其犯罪事实。应处死刑而事实尚难认定的，可从宽判罚黄铜6000两，但仍应查明其犯罪事实。"

"本法规定，应处墨刑的有1000条，应处劓刑的有1000条，应处刖刑的有500条，应处宫刑的有300条，应处死刑的有200条。五刑共计3000条。"

"对于律无明文规定的犯罪，可以援引判例，比照其罪行酌情判处。对于人犯的供述，不得夸大缩小，颠倒错乱；不得援用已失时效的法律条文。对此，各级司法人员必须审慎从事。"

"应判重刑但有从轻情节的，可减轻判处；应判轻刑但有从重情节的，可加重判处，轻重不同的罚金，也可酌情增减。定罪量刑时要根据社会治乱的情况掌握宽严。既要根据统一法典，又要灵活斟酌轻重，这就必须掌握分寸，抓住关键。"

"罚金这种惩罚虽不能置人于死地，但同样会给犯罪者造成痛苦。"

"法官办案，不能光凭能说会道，而要依靠高尚的道德。只要有高尚的道德，办案就无不公正、准确。"

"审查案犯的供词，要注意其中的矛盾和漏洞，只要这些矛盾和漏洞能说明犯罪，犯人的抵赖也等于招认。"

"法官审案，要对犯人有怜悯之心，对法律持恭敬态度。判决时要公开核对刑书,有几个法官会审的,要共同议定,以便做到公正准确。事关判刑施罚,各级司法官员务必审慎从事。"

"审判结案,事实与供词必须相符,上报复审也应核实无误。凡上报案件,材料必须完备,有数罪并罚情况的,数罪的材料也应齐全。"

天子说:"啊!法官们,诸侯们,所有同宗异姓的各级官吏们:对司法工作要特别慎重啊!我的话充满了谨慎戒惧之情,因为我对司法工作是十分严肃慎重的。人君的盛德首先要体现在司法工作上,上帝是为了保佑人民,才让我作人间君主的。要做好司法工作,首先要不受蒙蔽,不抱成见地听取各个诉讼当事人的陈述,千万不要,哪怕偶尔一次地怀有私心,偏袒一方。对司法官员来说,贪赃枉法弄来的钱财不是宝贝而只是罪恶的积累,一旦恶贯满盈,必然受到惩罚报应。对于上帝的惩罚,人们必须常存敬畏之心。这不是上天不仁慈,而是枉法的贪吏自作自受。如果上帝对这种人不及时惩罚,那么黎民百姓虽然生活在上天的荫庇下,却得不到德政的保护。"

天子说:"啊,后世继位的子孙们!今后用什么来鉴定你们的政绩呢,难道不是在百姓中广施恩德吗?你们要清楚地记住我的话:圣明的君主总是极其重视刑法的。诉讼中的大量材料,无一不关系到五刑五罚。只有使司法工作做到公正、准确,才能实现良好的政治。所有秉承王命,执掌司法大权的各级官员们,好好地执行这部完善的刑法吧。"

书　后

《吕刑》是《尚书》中一篇谈法的专著,它虽然也是以告谕的形式公布的,但有不少的具体条文,在当时无疑具有实际的法律效力。

《吕刑》的内容,概略言之,包括以下四个方面:一,刑法的指导思想;二,定罪量刑的原则;三,诉讼的制度和程序;四,对司法人员的要求。

一 关于刑法的指导思想

《吕刑》继承了西周明德慎罚的政治思想,主张敬德于刑,以刑教德。《吕刑》以将近一半的篇幅引述苗族无德滥刑,遭受天罚。以至亡国绝祀的教训,强调"有德惟刑",谆谆告诫司法官员以"伯夷播刑之迪"为典范,以苗民"断制五刑,以乱无辜"为惩戒,指出刑法只是实现德政的手段,其目的"非讫于威,惟讫于富",即不在于施威而在于造福。《吕刑》认为刑法这种造福于民的终极目的本是上天立刑的初衷,所以《吕刑》虽专门言刑,却并不把刑法抬到万能的地位,而只是说:"天齐于民,俾我一日",刑法只是一种辅助手段。百姓之所以必须受刑法的约束,也为的是养成崇德向善的风尚。

《吕刑》认为,德明于刑则为中,故通篇强调一个"中"字。引有苗之教训,则曰:"罔择吉人观于五刑之中";言纷乱之解决,则曰:"民之乱,罔不中听于狱之两辞";述天罚之可畏,则曰:"非天不中,惟人在命";论纲常之维持,则曰:"故乃明于刑之中"。"中",不仅指公正、准确,而且有宽厚、平和的意思,也就是后人评唐律"得古今之平"的这个"平"。《吕刑》开篇即说:"荒度作刑"。荒就是宽大,也就是废有苗之苛法,立穆王之祥刑。"祥"体现在哪里,主要就体现一个"中"字。

二 关于定罪量刑的原则

1. 量刑要结合形势,考虑案件的具体情节。《吕刑》提出"刑罚世轻世重","轻重诸罚有权"。"世轻世重",讲的是总的量刑原则,

"诸罚有权"，讲的是五等肉刑、五等罚金的灵活掌握。《吕刑》主张"虽畏勿畏，虽休勿休"，"惟齐非齐，有伦有要"。即既要统一适用法律，又要灵活掌握量刑尺度，做到宽猛相济，轻重适度，不能一味从严，也不能一味从宽。对具体案件，要按照五刑、五罚、五过的次序逐一比对，确定处罚，对从严从宽的情节，要充分考虑，依据"上刑适轻下服，下刑适重上服"的原则进行处理。

2. 把罚金作为单独的刑种。《舜典》也有"金作赎刑"的规定，但那是以财物赎罪，并非单独科刑。《吕刑》则将罚分为五等，与五刑并列，成了一种独立的刑种。这样既可保存劳动力，又可增加国家的财政收入，可谓古代刑罚制度的一大改革。

3. 实行有疑从宽和上下比罪的制度。《吕刑》规定对事有疑难，不能确认的案件，一律由刑入罚，从宽处理，这也是西周时期刑罚制度上的一项新规定。上下比罪，即后世的"决情事比"，对律无明文规定的"取比类（判例）以决定"（《汉书·刑法志》）。这种援用判例的作法，一般均认为自西汉始，实际上首次载入法典的是《吕刑》。

4. 采取"其罪惟均"的反坐制度。《吕刑》将贪赃枉法的情况归纳为五种：即"惟官、惟反、惟内、惟货、惟来"，并且规定凡是司法人员犯有上述过错而出入人罪的，一律按"其罪惟均"的原则处理，即"以其人之罪坐之"。诬告反坐，是中国历代封建法律普遍适用的一条原则，若果从《吕刑》算起，可谓源远流长。不过《吕刑》规定的反坐，还仅限于司法人员的贪赃枉法，对于一般主体尚未作出具体规定。

三 关于诉讼的制度和程序

《吕刑》对诉讼中的讯问、调查，认定证据，以及案卷材料的呈报等都有具体的规定。

首先,《吕刑》对当事人的供述极为重视,要求司法官员对双方当事人的供述,必须通过察言观色的方式,仔细听取和分辨("两造具备,师听五辞"),特别要注意供辞的矛盾("察辞于差")。必要时得向群众作广泛调查,对细微情节,也要一一核实清楚("简孚有众,惟貌有稽")。对未经查实之事,不得用作定案依据("无简不听")。

其次,《吕刑》强调要"惟察惟法",一要查实案情,二要依照法律。对于即使可以"疑赦"的案子,也一再强调必须"阅实其罪",不仅如此,所有案子在判决时必须当众引用刑书,有几个审判官时,还需共同议定("明启刑书胥占")。

另外,《吕刑》对诉讼的案卷材料也很重视。一案结束,办案人员必须使案卷记录与人犯供述及查证情况符合无误。逐级上报时,案卷材料必须完备,有数罪并罚情况的,亦应一并注明,以备审核。

这些规定,作为诉讼制度,在今天看来,当然是十分简陋和粗疏的,但在 3000 多年前的西周时代,应当说已经是相当完备的了。

四 关于对司法人员的要求

《吕刑》通篇都是告谕之辞,对司法人员的要求情恳意切,一再要他们"念之哉!""敬之哉!"可以说得上是耳提面命,甚至大声疾呼了。

第一,《吕刑》十分重视司法人员的作用,把"四方司政典狱"都看作代天行牧的执政者。认为这些人的素质如何关系到国家的治乱。《吕刑》认为,三苗之所以"乃绝厥世",原因之一就在于"罔择吉人观于五刑之中",没有选好司法官。因此,《吕刑》指出:"在今而安百姓,何择,非人?"要安民治世,关键在于选好司法官员。

第二,《吕刑》强调司法人员的内心修养和道德品质,提出"非佞折狱,惟良折狱",只有品德高尚的人才能充任司法官员。"良"的标准是什么呢？《吕刑》提出了以下几点：

1. 必须敬遵天命，效忠君王，即所谓"敬遵天命，以奉我一人"。《吕刑》反复强调"具严天威"，"惟克天德"，"永畏惟罚"，要求一切司法官吏必须常怀敬畏恐惧之心，兢兢业业地做好工作，使人无可指摘。

2. 必须执法严正，操守清廉。《吕刑》提出"哀敬折狱"，即对罪犯要存怜悯之念，对法律持敬重之心；在听讼断狱时，要不抱私心，不存偏袒地做到"明清于单辞"；作为一个司法官，尤其不能官官相卫，贪赃枉法，犯"五过之疵"。特别值得注意的是，《吕刑》提出了"狱货非宝，惟府辜功"，指出收受贿赂无异于积累罪恶，必然引起天怒人怨，遭到上帝的惩罚。这样尖锐地提出问题，表明当时的立法者对贪赃枉法行为采取的毫不妥协的态度。

3. 必须勤奋工作，力戒懈怠。《吕刑》要求各级司法官吏"罔不由慰日勤"，"罔或戒不勤"，司法人员应当在勤奋的工作中得到安慰，而不能有一时的疏忽懈怠。在"告尔祥刑"一段里，穆王一连用了三个"其审克之"，强调司法工作关系重大，必须兢兢业业，审慎从事，足见他对司法官员期望之殷和要求之严。

《吕刑》成书约在公元前十世纪，比李悝的《法经》至少早800年左右。《法经》业已佚失，而《吕刑》全文俱在。自两汉以降，历代《刑法志》多首引《吕刑》而取法之，如《汉书·刑法志》叙述刑之起源时，即首引《吕刑》"墨罚之属千"至"五刑之属三千"一段。在成帝河平年间改革刑律的诏书中，又引《吕刑》大辟之属只有200的事实，说明当时法令苛烦，必须改革（见《汉书》二十三卷）。这说明《吕刑》确为我国最早的法律文献之一，在中国法制史上占有重要的地位。

费　誓

原　文

费　誓①

序　鲁侯伯禽宅曲阜，徐夷并兴，东郊不开，作《费誓》。②

费　誓

公曰："嗟，人无哗！听命！徂兹，淮夷徐戎并兴。"

"善敕乃甲胄，敿乃干，无敢不吊。备乃弓矢，锻乃戈矛，砺乃锋刃，无敢不善。"③

"今惟淫舍牿牛马。杜乃擭，敜乃穽，无敢伤牿。牿之伤，汝则有常刑。"④

"马牛其风，臣妾逋逃，无敢越逐。祗复之，我商赉尔。乃越逐，不复，汝则有常刑。"⑤

"无得寇攘。踰垣墙，窃马牛，诱臣妾，汝则有常刑。"⑥

"甲戌，我惟征徐戎。峙乃糗粮，勿敢不逮！汝则有大刑。"⑦

"鲁人三郊三遂，峙乃桢榦。甲戌，我惟筑，无敢不供！汝则有无余刑非杀。鲁人三郊三遂，峙乃刍茭，无敢不多！汝则有大刑。"⑧

注　释

①**费誓**——誓：《尚书》的文体之一，是战前誓师大会上国君或主帅发布的命令，内容多为进行作战动员，宣布军纪军法。费誓就是在费邑誓师大会上的训词。据《史记》载，《费誓》是周公姬旦的儿子伯禽所作。伯禽代位周公就封鲁国之后，适逢三监之乱，徐戎、淮夷也乘机叛乱。伯禽率军讨伐徐、淮，因作《费誓》。但孙星衍等考证伯禽就封在三监叛乱之后，认为《史记》所载不确。蔡沈则认为："淮夷叛已久矣，及伯禽就国，又胁徐戎并起。"也就是说，徐、淮久有叛心，三监之乱起，乃乘机发难，延至伯禽就国又进而侵鲁，伯禽才誓师讨伐。据此，《史记》所载也不便推翻。费读如 bì，在曲阜东南方，《史记》作"肸"，也有的版本写作"柴"。

②**伯禽**——周公姬旦的长子，代周公就封于鲁。**东郊不开**——开：通。指徐、淮侵犯，鲁国东部受到骚扰，已无法自由通行。

③**徂兹**——"兹徂"的倒文。兹：现在，这次；徂（cú）：往、去，这里指讨伐。**善敹乃甲**——敹（liáo）：缝、缀；乃：你们的；甲：铠甲。**敿乃干**——敿（jiǎo）：拴、结；干：盾牌。**砺乃锋刃**——砺：磨刀石，引申为磨快。

④**今惟淫舍牿牛马**——《孔传》："言军所在，必放牧也。"淫：遊；舍：放开。淫舍即指军队扎营时将牛马卸鞍松载，放牧休息；牿：防牛牴人而拴在牛角上的横木。此地用以指军牛战马头上所作的军用标志。**杜乃擭，敜乃穽**——杜：闭塞；擭（huo）：猎兽用的陷阱，装有机弩。敜（niè）：塞平；穽：陷阱。《周礼·冥氏》："为穽擭，以攻猛兽，"故二者都是猎兽所用。据郑玄、贾公彦的注疏，擭掘井较深，并装有"柞"机，以捕虎豹；穽较浅，以捕小兽。军队过处，这些机弩、陷阱均须拆除填塞，以免伤人。

⑤**马牛其风**——马牛：指战马军牛；风：指牛马牝牡逐春而乱奔乱跑。**臣妾逋逃**——臣妾：指男女奴隶；逋（bū）：逃跑。**无敢越逐**——越：超越队列、离开队伍；逐：追赶牛马或逃跑的奴隶。**祗复之**——祗：敬，慎重；复：归还，此处指送还别队逃失的牛马、奴隶。**我商赉尔**——商：酌情；赉：奖赏。尔：有的版本作"汝"。

⑥**无得寇攘，踰垣墙，窃马牛，诱臣妾**——指约束三军将士，不得抢劫、掠夺，私入民宅，偷窃牛马，诱拐奴隶。

⑦**甲戌**——干支纪年的日期。本来可以推算出具体日期，但此处无年无月，

故仅能根据古人用兵,多取朔、望(初一、十五),假定为"下月初一"。**峙乃糗粮**——峙:准备好;糗:干粮、熟食。**无敢不逮**——逮:赶上、如期。

⑧**峙乃桢榦**——桢榦:筑土墙的模具。两边的夹板叫榦,两头的栓子叫桢。**鲁人三郊三遂**——鲁人:鲁国的百姓;郊:城郊;遂:远郊之外的乡邑。周制自城郊起按距离都城之远近,分为三郊,三郊之外又分三遂。郊、遂都是一个乡。《周礼·司徒》:"万二千五百家为一乡。"**汝则有无余刑非杀**——倒文,即:汝则有非杀无余刑。有:获得;非:除开;余刑:别的刑罚。**峙乃刍茭**——刍(chú):青饲料;茭:(jiāo):又名菰(gū),牧草的一种,此处指干牧草。**无敢不多**——《史记·鲁周公世家》作"不敢不及"。多:此处应作"重视"、"认真"解。

今 译

《尚书》序 鲁侯伯禽建都曲阜。徐、淮一带的夷族联兵造反。鲁国东部大受骚扰。伯禽誓师费邑,发布《费誓》,出师征讨。

鲁公伯禽宣布说:"注意!不准喧哗,听我发布命令!现在徐、淮两夷联兵造反,我们要前往征讨。"

"整顿好你们的铠甲、头盔,拴好你们的盾牌,不得稍欠完善。准备好你们的弓箭,打造好你们的戈矛,磨快你们的刀剑,不得稍有玩忽!"

"行军宿营的时候,军牛战马均须就地放牧。凡大军所过之地,一切猎兽的伏机、暗弩,都要自行拆除,大小捕兽陷阱,务须自行填平,以免伤害战马军牛。倘若伤及战马军牛者,一律严惩不贷。"

"凡军中牛马逐春奔逸,男女奴隶乘机逃跑,我士卒一律不得擅自出队追捉,以免扰乱队列。凡获得友军的牛马、奴隶而能妥善归还者,酌情予以奖赏。倘敢擅自出列追捉牛马、奴隶,或获得友军之牛马、奴隶而不归还者,定予严惩不贷。"

"三军将士一律不得抢劫、掠夺,不得翻垣越墙,私入民宅,不得偷盗牛马,不得诱骗拐带男女奴隶。违者依法严惩!"

"兹定于下月初一出征,讨伐徐淮叛军,限令你等将所需的军粮备齐。有敢怠慢者,斩!"

"凡我鲁国百姓,自都城近郊至三乡之外,每家准备筑墙夹板一套。三军出师之日,即需备齐供修筑工事之用。若有敢于不备者,除死罪之外,别无他刑可言。凡我鲁国百姓,自都城近郊至三乡之外,应按户缴纳青、干饲料,胆敢怠忽者,斩!"

书 后

《费誓》是在战前誓师大会上的一篇动员令,也可以看成当时的一项军事法规。它的内容除了宣布军纪军法外,对当地百姓也提出了作战时期必须履行的义务。

从鲁公伯禽宣布的内容来看,当时的军纪要求是十分严厉的。出征之前,三军将士必须穿好铠甲,磨快刀剑,备足干粮。行军途中,要保持队列整齐,即使遇有军牛战马奔逸、奴隶逃散,也不得擅自出队捕捉,以免影响军列。驻扎下来后,也有严格的军纪:不得抢劫掠夺,不得翻墙越垣,私入民宅,不得诱骗拐带男女奴隶等等。

为了保证行军打仗的顺利进行,《费誓》对鲁国"三郊三遂"境内及大军所到之处的百姓也提出了要求。

"杜乃擭,敜乃穽",填平陷阱、拆除暗弩,以免误伤军牛战马,这显然是对沿途的猎户们说的。"峙乃桢榦……无敢不供","峙乃刍茭,无敢不多",提供筑墙夹板,缴纳青干饲料,则是自都城近郊至三乡之远的每户百姓所必须完成的。如果不能按期按量完成,"汝则有大刑",定斩不饶。

从以上规定中可以看出两点:

一、当时的军队组织已相当严密，行军打仗已有了一套比较详细的规章制度，对作战人员、后勤人员以及战地的居民百姓都提出了具体的要求。

二、战时法规似较平时法规为严。仅从《费誓》的有关条文看，不按时为军队提供筑墙夹板或者不如数缴纳青干饲料的，要处死刑，而且"有无余刑非杀"。除死刑外，没有别的刑罚可言，显然这比平时不按时纳粮完税处罚要重得多。

军事法规，中国历代都有，许多朝代是附在统一的刑法典里的。《费誓》在中国法制史上是一篇有价值的材料。不少论及中国法制史的著作，都引用过"无得寇攘。踰垣墙，窃马牛、诱臣妾，汝则有常刑"来说明周代的法律。严格说来，《费誓》是周代的军事法规，对研究中国法制史，特别是中国军法史，有重要的参考价值。

附 录

论《尚书》的法学价值

高 绍 先

《尚书》的"尚"通上,言其古也;"书"指史官所记载的文献,《尚书》就是周朝及其以前的文献汇编。原称书,西汉以后始名《尚书》。《尚书》与《诗》、《易》、《礼》、《春秋》,被儒家称为"五经"。五经各有特色,《诗》重文艺;《易》重哲学;《礼》重礼仪;《春秋》重史;而《尚书》则以其丰富的政治法律内容在五经中独树一帜。

《舜典》揭示了中国刑法的起源

中国刑法起于何时,自来聚讼纷纭,大致有以下几种主张:

一、始于三皇五帝"三皇无为之代"(约公元前26世纪):如黄秉心之《中国刑法史》就说"伏羲之时,已有法官之设置,因龙瑞遂以白龙氏为号,以掌刑政。"其主要依据是几种古籍所载,如古史有"三皇无为之代,既有君长焉,则有刑罚。"①"太昊、伏羲……乃明刑政,修兵仗,以威仪。"②

二、始于夏(公元前2070年—前1600年):"夏有乱政,而作禹刑"。③《汉书·刑法志》更有"禹承尧舜之后,自以为德衰始制肉

---

① 《路史后记》
② 《史记·五帝本纪注》
③ 《左传·昭公六年》

刑。""乱政",说明阶级矛盾尖锐,治安形势严峻;"德衰"是禹自觉人格魅力不如尧舜,担心民众不服,须靠强力制服,刑法成了客观需要,应运而生。

三、始于商(公元前 1600 年—前 1046 年)

主要的依据有:

1. 荀子之言"刑名从商,爵名从周"被各种古籍及后世学者广泛引用,很少有争议。《左传·昭公六年》也说:"商有乱政,而作汤刑"。成汤之孙太甲元年,辅佐他的大臣伊尹制定了一部官刑《伊训》,专门规定惩处官吏犯罪,可以说是我国历史上第一部官员治罪条例。

2. 古籍中有关于商时行刑的记载:《礼记·王制》说:"刑人于市,与众共弃之。是故公家不畜刑人,大夫弗养,士遇之途,弗与言也。屏之四方,惟其所之,不及以政,示弗故生也"。受到刑事处罚的人,官府不得安排工作,大夫私人家里不准收留,读书人在路上碰见了也不和他交谈。如果是判处流刑的话,那就听之任之,由其自生自灭。

3. 殷商酷刑,史有所载。殷纣王是历史上有名的暴君,以炮烙、剖骨、剜心、盂盆等酷刑残害忠良,屠戮百姓。这不仅见于稗官野史,正式史书、文献也有记载。《韩非子》称:"殷之法,刑弃灰于市",《史记·殷本纪》也说:"纣乃重刑辟,有炮格(烙)之法"。一部《封神演义》更敷演出许许多多的人物和故事。

4. 殷墟甲骨文字中不仅出现了刑字,而且有劓、刖、聝、罪、图等字。

刑法始于商,应该说没有问题,因为有殷墟甲骨文字作为铁证,甲骨文字是不可能由后人伪造后又埋于地下的。但商以前呢?三皇五帝似过于玄远,漫无稽考。但尧舜时期却颇值得研究。我们不妨从

《舜典》中找一找中国刑法最初始痕迹。

《舜典》主要记述了舜在接受了尧的禅让后,夙兴夜寐,励精图治所取得的政绩。他跋山涉水,巡行天下,制定礼乐,颁行法典,厘定时历,统一度量衡,划分行政区域,建立中央政权机构,使尧所创立的雏形国家体制在政治、经济、法律、文化等各方面都有了很大的发展。其中对刑制的创建也有不少记载:

一、有关于刑罚种类的规定

《舜典》载:"象以典刑,流宥五刑,鞭作官刑,扑作教刑,金作赎刑。"象刑的解释众说纷纭,比较起来似以在器物上镌刻五刑的内容,以昭示国人更切合历史。这是舜对法律的重大建树。古之五刑,一般认为是"墨、劓、刖、宫、辟",但从《舜典》的简要叙述中,可以看出当时以流、鞭、扑、赎金等方式,作为五刑的补充规定。这不仅扩大了刑种,使之更能适应犯罪的不同情况,而且体现了舜从宽的立法思想,为后世的封建法律长期沿用。如对于流刑,《唐律疏议》的《名例》篇就说:"《书》云:'流宥五刑',谓不忍刑杀,宥之于远也。……盖始于唐虞,今之三流,即其义也。"

二、有关于犯罪的规定

《舜典》初步区分了过失、故意、惯犯等不同情况,并相应地规定了从轻、从重的量刑原则,即所说的:"眚灾肆赦,怙终贼刑"。眚是过失,灾指意外事件,也有人把"眚灾"连解为过失犯罪造成了严重后果;肆指缓刑,赦指宽免;怙指故意犯罪,终指累犯,贼指死刑,也有人把这句话解释为"怙者贼,终者刑之意"[1]。这些解释大

---

[1] 黄秉心:《中国刑法史》,福建改进出版社1940年版,第90页。

同小异，但区分了过失、故意是没有问题的。

三、提出了"惟刑之恤哉"的刑法指导思想

"恤"，固然有"体恤"之意，但舜更多强调的是"惟明克允"，即准确、公正，慎重用刑，不滥施刑罚。南齐的王融在《永明九年策秀才文》中说："敬法恤刑，虞书茂典"，这表明虞舜时的"惟刑之恤哉"的思想对后世影响是很深远的。

四、有关于刑罚执行方法的规定

《舜典》说："五刑有服，五服三就，五流有宅，五宅三居，惟明克允。"服，事也，即职务，这里指对行刑职务的正确执行；就，处也，指行刑的地方。关于行刑处所，历来有不同解释。孔安国认为："行刑当就三处，大罪于原野，大夫于朝，士于市。"① 蔡沈对"三就"的解释是："大辟弃市，宫辟下蚕室，余刑亦就屏处。"② 孔氏将大罪与大夫、士平列，有些不伦不类，应以蔡说为是。大辟弃于市，即表示人民大众都把他抛弃了。宫刑阉割后，伤口需要恢复，所以在温度较高的蚕室施行。其他刑罚在僻静地方施行，是体现朝廷的仁爱之心，也是出于社会影响的考虑。宅，是安置，居，是处所，此处指对流刑的执行。按当时制度"大罪四裔，次九州之外，次千里之外。"③ "惟明克允"是说法官在执行刑罚时应当明察秋毫，公正、平允，不偏不倚。

五、有对处理大案要案的记载

"流共工于幽州，放欢兜于崇山，窜三苗于三危，殛鲧于羽山，

---

① 《尚书》孔传
② 《尚书》蔡传
③ 《尚书》孔传

四罪而天下咸服。"共工、欢兜是尧的旧臣,相传因参与谋叛而被治罪;鲧因治水无功,属于后果严重的过失罪;三苗不是具体的人,而是当时经常在边界制造战乱的少数民族,并称为"四凶"。处理这四起大案,说明舜在司法实践中,执法严明。"四罪而天下咸服",得到社会各阶层的拥护,收到了良好的社会效果。"四凶"中,有尧的旧臣,也有当时的权贵,但舜不徇私,不护旧,敢于拿他们开刀,说明当时还没有什么"刑不上大夫"之类的规定。

六、有关于任命法官的记载

舜的第一任司法大臣是皋陶。舜在任命时对他说:"皋陶!蛮夷猾夏,寇、贼、奸、宄,汝作士。"这是说当时的治安形势严峻,蛮夷之邦和境内的犯罪分子经常结伙抢劫、杀人,或者内外勾结进行犯罪活动,于是对皋陶委以重任。

国家法律的产生和形成有一个漫长的过程。尧、舜处于从原始氏族社会向奴隶制社会演变的过渡时期。这一时期的政治、法律情况究竟如何,实在是一个值得探讨的问题。从《舜典》的记载中,可以看出国家政权和法律无疑已渐趋形成,这种从无到有的开创和把人类引向文明的进步,在历史上是极其重要的。因此可以说,舜是从氏族社会过渡到奴隶社会时期中一位杰出的政治家。周密先生认为,尧舜时期存在着刑法产生以前的刑和罚。

中国最早的一部官员治罪条例——《伊训》

商殷时期有刑制,已成定论,"刑名从商"不在言刑之起源,而在强调商法较夏刑更为完备。《尚书·康诰》说:"殷罚有伦",伦,序也。这是对商法的赞美之辞。《康诰》是周公对武王之弟的训勉告诫之辞。从周公的口中能说出"殷罚有伦"的话，足见商法的重要。"商有乱政，而作汤刑"①，是史书的记载，但完整的商刑已不可靠，我们只能从历史的断简残篇中，窥其一斑。

一、《伊训》制定的历史背景

成汤始制官刑，说明他在法制建设上具有远见卓识，不愧为中国奴隶制国家的一代明主。成汤原是一个部族首领，他重用贤才，整饬内部，剪灭周围小国，利用夏桀的残暴荒淫，"吊民伐罪"，十一战而灭夏，建立商王朝。执政以后，减轻征敛，安抚百姓，鼓励生产，开疆拓土，影响远及黄河上游。成汤上台后即制定官刑，说明他从夏桀的败亡中吸取了教训，认识到帝王和百官在统治中所起的作用，要想免蹈夏朝的覆辙，必须在立国之初便建立一种惩治享乐腐化的严刑峻罚。

伊尹重制官刑，是当时社会政治形势的需要。成汤始制官刑的时候，有一定的权威，效果较好。可是不过三代，经过太丁、外丙、中壬而至太甲，这部法似乎在人们心目中被"淡化"了，在各级官吏中又滋长了种种不正之风，而且不是个别现象，否则伊尹不会将之称为"风"的。

可以推测，伊尹在重申成汤的官刑后，一定进行过声势强大的以反"三风"、禁"十愆"的整饬行动，说得夸张一点，也就是历史上最早的一次"三反运动"。因为根据史料记载，太甲是在伊尹重申官刑以后因破坏成汤法制，怠于政事，被伊尹放逐到桐（今河南虞城东北）的，三年后，因改造得好，伊尹又将他迎回复位。② 太甲是在位

---

① 《左传·昭公六年》
② 一说伊尹专权自恣，放逐太甲，僭位自立，后被太甲所杀。

的皇帝，伊尹虽说是资深望重的三朝元老，如果没有一个雷厉风行、严格执行法律的大环境，放逐皇帝也是不可想象的。既然敢于将现任的皇帝放逐，那么对那些身犯"十愆"的邦君、卿士以及没有规谏帝王的臣下严惩不贷就更不在话下了。遗憾的是史料阙如，无法加以论述。

二、"三风十愆"的内容

《尚书·伊训》载："制官刑，儆于有位，曰：'敢有恒舞于宫，酣歌于室，时谓巫风；敢有殉于货色，恒于游畋，时谓淫风；敢有侮圣言、逆忠直、远耆德，比顽童，时谓乱风。惟兹三风十愆，卿士有一于身，家必丧；邦君有一于身，国必亡；臣下不匡，其刑墨，具训于蒙士"。

官刑，可以有两种解释：一是指一种专施于官吏的刑罚，如《尚书·舜典》所说："鞭作官刑"，是说凡官吏犯法尚不够判处五刑的，要施以鞭打；另一种解释此处之刑当作刑法解，官刑就是专门规定惩治官吏犯罪的法律，"凡百官黜陟，废置诛赏，并以此为断"①。

值得注意的是，这一段文字与前面的训戒、劝勉之辞是不一样的。如前面宣扬成汤"唯我商王，布昭圣武，代虐以宽，兆民允怀"，告诫今王要"立爱唯亲，立敬惟长，始于家邦，终于四海"，口气何等缓和，可谓言之谆谆，语重心长。而一到"制官刑，儆于有位"，就不同了，曰"家必丧，国必亡"，曰"其刑墨"，口气何等强硬！前后对比，可以说伊尹对当时的新君和文武百官有点"导之以德，齐之以刑"的味道。

孔颖达对此有一段详尽的解释："此皆汤所制治官之刑，以儆戒

---

① 《周礼疏》

百官之言也。三风十愆,谓巫风二,舞也、歌也;淫风四,货也、色也、游也、畋也;与乱风四,为十愆也。舞及游畋,得有时为之,而不可常然,故三事,特言恒也。歌则可也,不可乐酒而歌,故以酗配之。巫以歌舞事神,故歌舞为巫觋之风俗也。货色人所贪欲,宜其以义自节,而不可专心殉求,故言殉于货色。心殉货色,常为游畋,是为淫过之风俗也。侮慢圣人之言,拒逆忠直之谏,疏远耆年有德,亲比愚顽幼童,爱恶憎善,国必荒乱,故为荒乱之风俗也。此三风十愆,虽恶有大小,但有一于身,皆丧国亡家,故各从其类相配为风俗。臣下不匡,其刑墨,言臣无贵贱,皆当匡正君也。具训于蒙士者,谓汤制官刑,非直教训邦君、卿大夫等,使之受谏,亦备具教训下士,使受谏也。"①

孔颖达的疏解将《伊训》为什么对舞用"恒",以"酗"配歌,于货、色用"殉"讲出了一番道理,他是从古人遣词用句的精当而言的,从立法的角度讲,也可理解为法律语言的规范和明确。

这部官刑着重打击的是当时在各级官吏和宫廷衙门里已经流行成风的"三风十愆"。

"三风"指的是"巫风"、"淫风"和"乱风"。

"十愆"指十种具体罪名,包括:

1. 在宫廷里昼夜歌舞的("恒舞于宫");
2. 在官邸内酗酒的("酗歌于室");
3. 收受贿赂的("殉于货");
4. 贪恋女色的("殉于色");
5. 一贯游山玩水的("恒于游");
6. 一贯外出打猎的("恒于畋");

---

① 《尚书正义》

7. 背离先王遗训、天子诏谕的（"侮圣言"）；

8. 拒不接受忠言直谏的（"逆忠直"）；

9. 疏远年高有德之士的（"远耆德"）；

10. 亲近娈童的（"比顽童"）；

这十种罪行中前九种意义均明白无误，但对"比顽童"一句却较为费解。孔颖达解释为"亲比愚顽幼童"；《尚书》孔传也解释为"童稚顽嚚亲比之"；《国语·郑语》中有"而近顽童穷固"，韦昭的注说："童昏固陋也"，都将其解释为愚蠢顽劣的幼童或愚蠢顽劣如幼童一样的人。君王、百官，亲近幼童就要受到惩罚，似乎于理不通。所以"顽童"，应作"娈童"①。娈，是美好之意，娈童按《辞海》解释是"美好的童子，旧时亦指被当作女性玩弄的美貌男子"，亦即所谓"面首"、男宠、男妾。宠幸男妾是不少皇帝腐朽糜烂生活内容之一。伊尹怕皇帝、百官染此恶习故将这种行为列入乱风，严加惩处。这样解释似更符合历史的真实。

从《伊训》对官刑的规定中，有以下几点值得注意：

第一，这部官刑是一部有罪名、有刑罚的单行刑事法规。"儆"，以儆效尤之意，"儆于有位"，说明这部刑事法规是为了惩戒各级各类的"有位"者（即各级官吏）而制定的，类似后世的公务员治罪条例。

可以说，"三风十愆"，是当时大小官吏腐败现象的集中反映，包括了政治上的不忠、经济上的不廉和生活作风上的不正。既已成风，说明问题的严重，加之太甲年幼登基，不得不防微杜渐，而且仅靠一般的思想工作已不能解决问题，必须来点真格的了。

第二，伊尹的官刑对"三风十愆"处罚极严。"卿士有一于身，家必丧；邦君有一于身，国必亡，臣下不匡，其刑墨"，便是具体的刑罚

---

① 参见本书，第39页。

规定。"卿士",指公卿等高级长官和有相当爵位的人;"邦君",① 指诸侯国君。值得注意的是"家必丧、国必亡";不是一般的表示后果严重而加以警戒的话,而是指两种处罚,即取消其宗族内的职位,剥夺其统辖诸侯国的权力。只不过,伊尹将其纳入官刑,又带有刑罚性质了。这样解释,理由有二:一是文中明明有"制官刑,儆于有位"的话,表明后一段文字是涉及罪与刑的;二是紧接着有"臣下不匡,其刑墨"之语,墨、劓、刖、宫、辟,为奴隶制之五刑无疑。如果"家必丧,国必亡",仅是告诫之辞,则后面的"其刑墨"便无从说起。

不论卿士、邦君,只要犯了十愆罪中的任何一条,便会被剥夺其执政的权力,丢官去国,夺位削爵;臣子对君上、下属对官长不规谏的,也要受刺字之刑,足见其处罚之重了。

三、重温《伊训》的启示

《伊训》有两方面值得今人惊奇。一是《伊训》制定于公元前十六世纪,距今已有三千多年。在这么久远的年代,生产力还十分低下,社会财富也不充裕,而统治阶级竟知道如此恣意地享乐腐化,似乎官和贪,权和腐有着天然的联系。如果没有制度上的约束,法律上的惩治和道德上的规范,权力就会沿着惰性的方向滑下去,所以任何体制都不可能自然而然地实现廉政。廉政是需要建设的,建设就是一个长时期的系统工程。二是自《伊训》提出"三风十愆"以来,历朝历代都没有解决好这个问题,一直到现在。只不过"三风十愆"的内容也随着历史的变迁而花样翻新。对照今天的现实,可以概括成一句话:三风犹存,十愆有变。

我们不妨来个旧瓶装新酒,套用一下三风十愆的模式:

---

① "卿士",有人解释为同"卿事"、"卿史",为商代所设的一种官职。

1. 滥用职权。不遵守权力运行的规则，也不受人民群众的监督，恣意妄为，超越职责范围，擅自决定或处理其无权处理的事情，或者随心所欲玩弄权力，以权谋私、假公济私，对个人权力超负荷行使，为自己、家属、亲友谋取不正当利益。有的领导干部考虑了儿女，还要考虑第三代，所谓"为儿女使尽了拖刀计"。

2. 玩忽职守。官僚主义，不负责任，混天度日，尸位素餐，做一天和尚敲一天钟，或者做一天钟敲一天和尚。一杯茶，一支烟，一张报纸看半天。

3. 贪污受贿。利用职务之便，侵占公共财产，权钱交易，贿赂公行。大案要案层出不穷，令人触目惊心。

4. 生活糜烂。这一条基本上就是《伊训》中所说的恒舞酣歌，迷恋女色，只不过花样翻新：养情人，包二奶，花天酒地，纸醉金迷。

5. 弄虚作假。浮夸虚报，欺上瞒下，投上所好，干部出数字，数字出干部。假文凭、假学历满天飞。

6. 公款消费。不仅迎来送往，由公家报销，就连朋友聚会，私人宴请也可"大公无私"。而且许多兄弟单位、友邻地区互相攀比，"你敬我一尺，我敬你一丈"。消费的档次越来越高，动辄"成千、上万"，"玉盘珍馐直万钱"；消费的内容越来越广，由餐厅酒楼延伸到歌台、舞榭、夜总会，甚至参观景点，游览胜地都实行"一大二公"。

7. 照顾出国。退休、卸任，本是正常的工作交接，不知何时兴起，退休前必须进行一次安抚，开初是选国内一线：南下深圳、海南；北上沈阳、大连。近日更要远涉重洋，或西欧，或美洲，否则，据说领导就会摆不平云云。1992年，报上曾披露一则消息：18名党政干部动用公款25.2万元赴泰国、香港旅游，每人平均耗费1.41万元。结果有七名县级领导干部和一名科级干部受到党内严重警告和警告处分。并责令分期支付应由个人承担的旅游开支,退出换取的零用钱 1000 港币和国内的差旅费。但可惜这一次动真格的似乎就这样昙花一现,现在竟形成了一种半公开的制度,照顾出国已经制度化了。诚所谓道高一尺,魔高一丈。令人想起了庄子的一句话:"为之符玺以信之,则并与符玺而窃之。"

8. 沽名钓誉。不计地方财力,不顾民意反对,搞首长工程、形象工程,只图虚名,不办实事,为自己树碑立传。只求任上风光,不顾任后挨骂。

9. 买官卖官。汉时有"买爵三十级,以免死罪"的说法,但那是出钱买命,而今是出钱买权,又以权换钱。有的地方,突击提干,一次批发大小官员数百人。有人为求得一官半职,不惜放弃人的尊严,怀揣巨资,奔走权门。

10. 轻侮民意。独断专行,不尊民心,不恤民力,不顺民情,不知民间疾苦,漠视群众利益。只对上级负责,不对群众负责。

以上新的"三风十弊"中,有的是明载刑典的犯罪行为,有的是违背党政纪律、职业道德的行为。如公安部最近发布的"五条禁令"就对干警喝酒作出明确规定:携带枪支不准饮酒;工作时间不准饮酒;不准饮酒驾驶车辆。也是根据长期以来警风、警纪的管理中多发性的问题而提出的,很有针对性。

1995 年,笔者参加第七届世界反贪大会,各国学者就反腐败与社会稳定进行了广泛、深入的讨论,其中,涉及什么是"腐败"的问题,有多种提法,有的采取列举式,将现代国家最普遍的腐败现象加以概括,有的提出"一切违背公共权力运行原则的行为都是腐败"。法国学者更另辟蹊径,提出腐败是反人权的行为,但大家比较形成共识的是腐败是对公共权力的亵渎,也就是我们常说的权钱交易。我国有一个庞大的干部队伍,他们分级别、按职责行使着党和国家的权力。人民管理国家的权力是通过他们实现的。他们身上所反映的党风、政风如何，关系至为重大。反贪先治权；治权必正官。

"风"者，风气、风尚、习气之谓也。一旦成了风，就不是个别现象，而是带有一定的普遍性、倾向性的现象，纠正起来自然也需大费气力。及时、准确地抓住社会上带有倾向性的问题，果断采取有效的对策和措施加以纠正和防治，是一个国家的统治者、领导者具有远见卓识的表现。

我国在50年代进行过"反贪污、反浪费、反官僚主义"的三反运动。这场运动对惩腐倡廉，教育干部，取信于民，巩固新生政权，防止洪秀全、李自成的前车之鉴，保持我党全心全意为人民服务的传统和本色起了重要作用，显示了执政党的气魄和水平。

从那时起到70年代，我国又进行过若干次大大小小的政治运动。其中有的运动由于受以阶级斗争为纲的指导思想的影响，未能正确分析社会矛盾，致使运动的客观效果与发动者的主观愿望背道而驰，挫伤了广大干部和群众的积极性。特别是文化大革命，更成了一次全民的浩劫。

粉碎"四人帮"后，党中央及时总结历史的经验教训，决定今后不再采取集中搞群众运动的方式，这是完全正确的。但这并不意味着不再需要进行专项的集中斗争，不需要深入广泛地发动群众，不需要声势浩大的舆论宣传。近年来我们开展的整顿行业不正之风、扫黄打非等专项活动都有相当的规模，社会广泛介入，群众也以各种方式参与。这些活动都收到了一定的效果。

惩治腐败，倡廉肃贪是当前全社会关注的问题。中央三令五申，号召于上；群众沸沸扬扬，议论于下。览古鉴今，我们有必要对流行于干部队伍和各种行业中的几股歪风来一个集中的整饬。一方面健全立法，制定《国家工作人员廉政条例》或《国家工作人员违法犯罪惩治条例》之类的单行法规，对构成犯罪的从严惩处；另一方面应加强监督，整肃党纪，完善行政管理的规章制度。同时应坚持在各级干部中开展廉政教育，使廉政意识深入人心。如果我们的广大干部都能按廉政要求规范自己的行为，特别是各级领导干部能以身作则，率先垂范，我们的廉政建设便会大有希望。

我国历史上最早的一篇戒酒令《酒诰》

诰，乃告诫、训勉之辞，也是一种古代的文体，后来专用于皇帝对臣下册封和饬令，如"诰封"、"诰命"。明以后，更成了一种固定的法律形式，如朱元璋钦定的《明大诰》。据《史记·周本纪》载：周公摄政期间，平定三监之乱和武庚发动的叛乱后，"颇收殷余民，以封武王少弟封为卫康叔"管辖殷商王朝的旧地，统治殷商的遗民。康叔莅任前，周公代表周成王对其多有训勉之辞。《酒诰》即是其中的一篇。《酒诰》，顾名思义，就是对戒酒的诰谕。它通过"诰"的形式，阐明了贪酒的危害，对戒酒的步骤、方法，也作了具体规定。

《酒诰》首先说明酒的功用"祀兹酒，惟天降命，肇我民。"意为上帝教会人民造酒，唯一的目的只在于供祭祀大典之用。然后，列举纵酒之祸，把贪酒的危害强调到极其严重的程度：不仅百姓的犯上作乱，丧行败德与贪酒有关，就是大小诸侯的丧国失位也无不应归咎于纵酒食杯。周公引述殷商王朝的兴衰作证：自成汤到帝乙"不敢自暇自逸，"不"崇饮"，所以"成王畏相"，天下大治；而纣王荒淫无道，纵酒享乐，"酗身"，"诞惟纵淫泆于非彝"，"惟荒腆于酒"以致政令不行，民怨沸腾，终于使"天降丧于殷"，导致了殷王朝的覆灭。当然，把丧国失位的原因归咎于酒，正如说桀、纣之亡在宠信了女人一样，都不免有一定的片面性。但是，很显然，《酒浩》中所谓的"荒腆于酒"、"酗身",实际上指的是统治阶级的享乐淫泆,骄奢暴虐。从这个意义上讲,《酒诰》把贪酒与否看作执政者及其大小官吏勤惰良莠,以至是否忠于职守,能否有效地进行统治的重要标志,这是有可取之处的。

　　从对违犯戒酒令的处理来看,"群饮"是首要的对象。"群饮",即聚众饮酒,要受到极严的处罚,参与群饮的要全部逮捕,不得漏网一人,而且要押解京畿,治以死罪。"群饮,汝勿佚,尽执拘以归于周,予其杀。"何以群饮之罪如此严重?显然,立法者注意的不在"饮"而在"群",也就是说,法律要制裁的是以聚众饮酒的形式进行集会,因为这里往往潜伏着叛乱、谋反的危险。退一步说,即使没有政治目的,聚众饮酒对治安可能造成的危害也比个人单斟独饮,喝闷酒要大得多。与此相反,戒酒令对于殷商的遗臣和百工巧匠却特别宽厚:"又惟殷之迪诸臣惟工,乃湎于酒,勿庸杀之,姑惟教之"。"又",至于,相当于现代法律中的"但书"。迪,教化,"殷之迪",指食过殷禄,曾在殷商时期作过官员的人。"惟工",意为"以及那些从事手工业的工匠们"。对这类人,只要他们接受教育,不再酗酒滋事,做一个守法公民,还要给予奖赏:"有斯,明享"(有上述情况者,明令嘉奖)。蔡沈对此的解释是:"享,上享下之享,言殷诸臣百工不忘教辞,不腼于酒,我则明享之。"① 只有在他们不听教诲,继续犯令时,才严惩不贷:"乃不用我教辞,惟我一人弗恤,弗蠲乃事,时同于杀"。《蔡传》说:"其不用我教辞,惟我一人弗恤于汝",《孔传》说:"汝若怠忽不用我教辞,惟我一人不忧汝"。两家解释一致,"一人弗恤"意即一个都不饶恕。"时同于杀",即与前述聚众饮酒者一样,杀无赦! 这体现了立法者区别对待的原则。对殷朝遗臣从宽是为

---

① 《尚书》蔡传

了施行怀柔政策，使他们消除对新的统治者的敌对情绪；对百工从宽，可能是为了照顾他们的劳动习惯，同时也反映出当时的百工巧匠已有了相当数量，在生产上具有重要作用，足以使周天子不得不对他们另眼看待了。

还有一点值得提及的是，《酒诰》认为戒酒首先要从统治阶级戒起。周公要康叔对他的下属臣僚，首先对官居要职的人和服侍生活的近臣严加管束，一律不准违令饮酒，就连康叔自己也必须坚决戒酒。"矧汝，刚制于酒"。矧，意为况且、以及；刚，意为坚决。要求统治阶级带头守法。以身作则，为民表率。这在《尚书》周书的其他篇章，如《吕刑》等篇中，也有反映，这说明西周初期的法制还是比较严明的。

荒度立法说《吕刑》

《吕刑》是周穆王的司寇吕侯（又名甫侯）奉穆王之命制定的。据《尚书·吕刑》记载："吕命穆王，训夏赎刑，作《吕刑》"，即吕侯受命于穆王，本着夏朝以赎刑代替肉刑的精神制定了《吕刑》。"吕侯见命为天子司寇，穆王命训刑以诂四方，史录为篇。"[①] 诂，似可解释为责成，诂四方，就是责成四方诸侯一体遵行的意思。

《吕刑》文字简练，内涵丰富，其要旨为：

一、关于刑法的指导思想

《吕刑》继承了西周明德慎法的指导思想，主张敬德于刑，以刑教德。《吕刑》开篇即说："王享国百年，耄，荒度作刑"。荒，前人有解释为"忽"，即恍惚、糊涂之意，如说："荒，忽也。孟子曰'从

---

① 《尚书》蔡传

兽无厌、谓之荒'。穆王享国百年，车辙马迹遍于天下，故史氏以耄荒二字发之，亦以见赎刑为穆王耄荒所训耳。"①这恐怕是因为儒家对《吕刑》的赎刑制度多所非议，而带有感情倾向的一种解释。试想，穆王如果已经老朽昏庸，糊里糊涂了，哪里还有什么心思去考虑法律的制定和修改呢？"荒"应解为大。《诗经·大雅·公刘》有句："豳居允荒"，豳同邠，为古地名，在今陕西旬邑县西，周族后裔公刘迁居于此，领地广袤。荒度，即宽大之意，也就是说《吕刑》以宽和、公允为立法的指导思想，这从"训夏赎刑"之句也可看出。对此，前人也有类似解释，丘濬就说："吕刑虽周穆王所作，然必有所传授，非虚言也。夫伯夷，礼官也，所降者典，而折民为刑。皋陶，刑官也，所制者刑，而教民祗德。可见有虞为治，专以礼教为主，而刑辟特以辅其所不及焉耳。礼典之降，而折以刑，所以遏其邪妄之念，而止刑辟于未然。刑罚之制，而教以德，所以启其祗敬之心，而制刑辟于已然。礼教、刑辟之相为用如此。"②此说是主张《吕刑》是继承了三代时期的"以刑弼教"的传统思想，绝不是糊里糊涂的皇帝所能制定出来的。

《吕刑》以近一半的篇幅引述苗族无德滥刑，遭受天罚以致亡国灭嗣的教训，所谓"苗民弗用灵，制以刑。惟作五虐之刑，曰法，杀戮无辜。爰始淫为劓、刵、椓、黥。"灵，指善政。而苗族却反其道而行之，不行善政："三苗之君，习蚩尤之恶，不用善化民而制以重刑。"③所以《吕刑》又说："皇帝哀矜庶戮之不辜，报虐以威，遏绝苗民，无世在下"。此处的皇帝指尧，尧代天罚罪，对苗王的暴政施以打击，消灭了苗族的统治者。

---

① 《书经传说》卷21，王樵注。
② 《大学衍义补》治国平天下之要，慎刑宪。
③ 《尚书》孔传

一方面对苗族的暴政给以批判，表明帝尧对苗族进行战争的正义性；一方面又大肆宣传穆王的"祥刑"，强调"有德惟刑"，即只有有德之君才能正确地运用刑法。《吕刑》还宣扬帝尧的伟大政绩："伯夷降典，折民为刑，禹平水土，主名山川，稷降播种，农植嘉谷，三后成功，惟殷于民。"这些丰功伟绩给人民造福良多，所以才能制定《吕刑》这样的伟大法典。

　　《吕刑》谆谆告诫司法官吏要以"伯夷播刑之迪"为典范，以苗民"断制五刑，以乱无辜"为教训，指出刑法只是实现德政的手段，其目的"非讫于威，惟讫于富"。讫是终极之意，引申为目的；富与福通，即刑法的最终目的不在于树威，而在于造福；百姓必须接受刑法的约束，也是为了养成崇德向善的良风美俗。

　　《吕刑》通篇强调一个"中"字。如云"非天不中，惟人在命"（不是上天不公，而是咎由自取），"罔择吉人观于五刑之中"（苗族不选择优秀的司法官员，不以宽厚精神执行五刑），"罔中于信，以覆诅盟"（苗民没有评定是非的标准，只好诉诸鬼神），"民之乱，罔不中听于狱之两辞"（在百姓中引起混乱，无不在于司法官吏没有客观公正地听取双方当事人的陈述），"士制百姓于刑之中"（司法官吏对百姓要公正执法）等等。从以上引文看，"中"的含义丰富，既有公平、正直之意；又有宽厚、适中之意。《吕刑》开篇所说"荒度作刑"，废有苗之苛法，立穆王之祥刑，也体现在一个"中"字上。近代学者对此也有阐发，如王洁卿在其所著《中国法律与法治思想》一书中说："中者，《吕刑》之纲领也。首云士制百姓于刑之中，又云故乃明于刑之中，云观于五刑之中，云罔非在中，云咸庶中正，云罔不中听于狱之两辞，云于民之中尚明听之哉，云咸中有庆。凡此八用中字。得此中道，守而弗失，庶几其祥刑矣。"

二、关于定罪量刑的制度和原则

(一) 量刑要结合形势

《吕刑》提出"轻重诸罚有权,刑罚世轻世重。惟齐非齐,有伦有要"。世轻世重,讲的是宏观,即应实行"乱世用重典,盛世用轻典"的刑事政策;诸罚有权讲的是微观,即对具体案件,要根据各方面的情况,在处罚的轻重上灵活掌握。齐,指统一标准;伦,是次序;要,是关键;意为办案既要依据统一的法典,又要斟酌轻重,权变处理;要分清主次,抓住关键。后世学者对此两句发挥甚多。蔡沈说:"罚之轻重,亦皆有权。权者,进退推移以求其轻重之宜也。刑罚世轻世重者,《周官》刑新国用轻典;刑乱国用重典,刑平国用中典,随世而为轻重也。轻重诸罚有权者,权一人之轻重也;刑罚世轻世重者,权一世之轻重也。惟齐非齐者,法之权也;有伦有要者,法之经也。言刑罚虽惟权变是适,而齐之以不齐焉,至其伦要所在,盖有截然而不可紊者矣。"① 对此,丘濬解释说:"先儒谓情之轻重,世之治乱不同,则刑罚之用当异。而欲为一法以齐之,则其齐也不齐,以不齐齐之,则齐矣。惟齐非齐,以不齐齐之之谓也。先后有序谓之伦,众体所会谓之要,所谓法之经也。经一定而不可紊,权则因时而制宜。"② 这些论述辨证地阐释了齐与不齐的关系。如果机械地搬用条文,只能做到形式上的平等和统一,只有坚持具体情况具体分析,才能实现真正的公平。

《吕刑》还强调"虽畏勿畏,虽休勿休"。畏,与威通,"畏、威古通用。畏,辟之;休,宥之也。"③ 据此,辟与宥可以引申为宽与

---

① 《尚书》蔡传
② 《大学衍义补》治国平天下之要,慎刑宪。
③ 《尚书》蔡传

严,意即执法立威,但不能一味施威;实行宽大,也不能宽大无边。

(二)将"有疑从宽"制度化

《大禹谟》虽然讲过"罪疑惟轻",但只是一种政策,没有具体的制度,《吕刑》继承了前代有疑从宽的精神,明确提出"罪疑惟赦"的原则:"五刑之疑有赦,五罚之疑有赦,其审克之"。蔡沈说:"疑于刑,则质于罚也";"疑于罚,则质于过而宥免之也。"① 孔颖达也认为:"五刑之疑有赦,赦,从罚也;五罚之疑有赦,赦,从过也。过,则赦之矣。"② 二人的意见相同,都是说凡应当判处五刑之罪的,如果证据有疑,则处以五等罚金;如果应当判处五罚之罪而证据有疑的,则按过失处理,可以免除处罚了。

《吕刑》不仅制定了原则,并且规定了具体的办法:"墨辟疑赦,其罚百锾,阅实其罪;劓辟疑赦,其罚惟倍,阅实其罪;剕辟疑赦,其罚倍差,阅实其罪;宫辟疑赦,其罚六百锾,阅实其罪;大辟疑赦,其罚千锾,阅实其罪。"

墨、劓、剕、宫、辟,是奴隶社会的五刑,疑赦,即有疑从宽之意。凡犯了五刑之罪,而事有可疑,不能定罪的,即改判罚金。《吕刑》规定了罚金的幅度,从百锾到千锾,视疑罪的轻重而定。锾,古之六两,倍为增加一倍,倍差,为一倍半。此外,《吕刑》还做了"阅实其罪"的规定,即对疑罪改判罚金以后,并不就此了结,还要继续查清犯罪事实。

值得注意的是,《吕刑》的罚金是一种单独的刑种,分为五等,与五刑并立,和《舜典》所说的"金作赎刑",以铜赎罪不同。这是我国古代刑罚制度的一大改革,既可保存劳动力,又可增加国库收

---

① 《尚书》蔡传
② 《尚书正义》

入,说明统治者在长期的司法实践中,变得更加聪明,懂得计算一下刑罚的成本了。《吕刑》指出"罚惩非死,人极于病",即罚金虽不致人于死,但同样给人造成痛苦。"罚以惩过,虽非致人于死,然民重出赎,亦甚病矣。"① 这说明《吕刑》的立法者对罚金刑的价值评价已有了相当深刻的认识。

(三)采取"其罪惟均"的反坐制度

《吕刑》指出"五过之疵,惟官、惟反、惟内、惟货、惟来,其罪惟均,其审克之"。这里的五过并非现代刑法意义上的过失罪,而是五种导致司法渎职行为的原因。按《吕刑》规定,犯五刑之罪而有疑的,易科五罚;犯五罚之罪而有疑的,处以五过,即"五辞简孚,正于五刑;五刑不简,正于五罚;五罚不服,正于五过"。简孚,就是查证属实;不服,就是不应处罚。如果法官将五刑之罪错判为五罚之罪,或者将五罚之罪错判为五过之罪,就要按反坐之法处理。"其罪惟均"即反坐,"出入人罪,则以人之所犯坐之"。② 这里只提五过之疵,而未涉及错判五刑与五罚的处理问题,这是因为"五过可因法官之意思以出入人罪,为三者中最易行情作弊者,且我国刑法以举轻而明重为原则,故既有罚五过之疵之规定,五刑,五罚之疵,当然亦须加罚矣",③ 此说可为参考。

关于"五过之疵",官,指官官相卫;反,指打击报复;内,指亲属关系;货,指索贿、受贿;来,指人情请托。蔡沈认为是"女谒也",似过于狭窄。

(四)实行上下比罪的类推制度

《吕刑》规定:"上下比罪,勿僭乱词,勿用不行。惟察惟法,其审克之。"前人对"上下比罪"的解释颇为纷纭。一种解释认为是指量

---

① 《尚书》蔡传
② 《尚书》蔡传
③ 黄秉心:《中国刑法史》,福建改进出版社1940年版,第159页。

刑时权衡轻重，如"上下比方其罪之轻重，上比重罪，下比轻罪，观其所犯，当与谁同"；① 一种认为是指类推，如蔡沈说："罪无正律，则以上下刑比附其罪也"；② 丘濬说得更详细："天下之情无穷，刑书所载有限，不可以有限之法，而尽无穷之情，又在用法者斟酌损益之。古者任人不任法。法所载者任法，法不载者参以人，上下比罪是也。"③ 还有认为是指比附判例的，如清人王巨源即说："刑如律，比如例。上下比罪，谓于法无此条，则上下比其轻重，然后定其轻重之法，如今律无明文，则许用例也。"综合各说，联系上下文，把上下比罪解为比附类推制度似较为合理。

僭，本意为超越，"勿僭乱词"，即为不得歪曲事实，颠倒是非；用，指援用，"勿用不行"，指不得援用无效的法律作类推、比附。蔡沈认为："乱辞，辞之不可听者；不行，旧有是法而今不行者。戒其无差误于僭乱之辞，弗用今所不行之法，惟详明法意而审克之也。"

（五）强调审查案件的具体情节准确用刑

《吕刑》除提出"上下比罪"的类推制度外，还提出要"上刑适轻，下服；下刑适重，上服"的量刑原则。这是说所犯罪名虽重，但情节偏轻，要处以轻刑；所犯罪名虽轻，但情节偏重的，就要处以重刑，以便作到罚当其罪，不枉不纵。丘濬说："穆王训刑。此二句远宗于虞廷之典。近发乎武王之诰，非无征之言也。先儒以为罪莫大于杀人，然所杀奴婢也，非适轻乎？罪莫轻于诟詈。然所詈父祖也，非适重乎？是故原情定罪，而不拘于一定之法也。"④ 丘濬所说的"原情定罪"，是儒家的一贯主张，强调是将道德与法律融为一体，有一定的合

---

① 《尚书正义》
② 《尚书》蔡传
③ 《大学衍义补》治国平天下之要，慎刑宪。
④ 同上。

理性，但也为执法因人而异开启方便之门。即如丘濬之言，同为杀人之罪，杀一般人与杀奴婢获罪大不相同。如唐律规定杀人的处斩，而杀死奴婢的只判一年半徒刑。蔡沈的解释大致相同，但主要是从故意与过失罪而言的："事在上刑而情适轻，则服下刑，康诰所谓大罪非终者是也；事在下刑而情适重，则服上刑，舜之刑故无小，康诰所谓小罪非眚者是也。"① 蔡沈所引《舜典》、《康诰》之言都是讲故意罪虽小必须判刑；过失罪再重也可宽恕。终，指坚持犯罪的累犯，大罪非终，即罪行虽重，但不是故意，因而可以下服；眚，指过失，小罪非眚，言罪虽小，但并非过失，而是故意犯罪，所以必须上服。比较起来，丘濬讲的似更确切，如将二人主张综合理解，可能就全面了。

可以说"上刑适轻，下服；下刑适重，上服"是对前面"轻重诸罚有权"的具体化。

三、关于诉讼的制度和程序

《吕刑》对诉讼中的讯问、调查、证据的认定以及案卷的呈报，都有具体的规定。

《吕刑》对当事人的供述极为重视，要求"两造具备，师听五辞"。"五辞"，按《周礼·小司寇》之说为"一曰辞听，二曰色听，三曰气听，四曰耳听，五曰目听"。郑玄的注更将其具体化："观其出言，不直则烦；观其颜色，不直则赧然；观其气息，不直则喘；观其听聆，不直则惑；观其眸子视，不直则眊然。"这是一种察言观色的审讯方法，虽然并不可靠，但在当时，也是审判实践的总结。此外，《吕刑》还强调注意供词的矛盾："察辞于差"。必要时，应向公众调查，要注

---

① 《尚书》蔡传

意细小的情节："简孚有众，惟貌有稽"。简，指狱讼的情实；孚，信也，言通过向公众的调查，掌握案件的真实情况。《周礼·小司寇》规定："以三刺断庶民狱讼之中，一曰讯群臣，二曰讯群吏，三曰讯万民"。貌，本緢，《说文》称是"旄丝也"，极言其小。

《吕刑》规定办案时，应当"惟察惟法"：一要调查案情，二要依从法律，凡是未经查实之事，不得作为定案依据，即"无简不听"。案子在判决时，还应"明启刑书胥占"。明，是明白无误的意思；启，是打开、翻阅的意思；胥为共，占为对照之意，即案件判决时，需由法官共同议定，而且应援引刑法条文。

《吕刑》对案卷材料也很重视，一案办完，必须"狱成而孚"、"输而孚"，即将案卷材料如实上报。

四、关于对司法人员的要求

《吕刑》通篇充满告诫之辞："念之哉！""敬之哉！"，可谓耳提面命，大声疾呼。

《吕刑》十分重视司法人员的作用，把"四方司政典狱"看成是代天牧民的执政者。他们的素质如何，关系到国家的安危治乱。三苗之所以亡国绝嗣，即在于没有选择好司法官员，"罔择吉人观于五刑之中"，因此特别强调，治国安民，首先要选好司法官吏，"在今尔安百姓，何择，非人？何敬，非刑？"如何评价一个司法官员的内心修养和道德品质呢？《吕刑》提出了"非佞折狱，惟良折狱"，"哲人惟刑"的主张。巧言令色之徒不能担任司法职务，只有贤良明哲之士才能管好狱政。良、哲的标致可以概括为：

——必须敬遵天命，效忠君王："敬遵天命，以奉我一人"。

——必须执法严正，操守清廉，所谓"哀敬折狱"，即对法律持敬重之心，对罪犯怀怜悯之情。在听讼断狱时，要不存私心，不执偏见，作到"明清于单辞"。"无或私家于狱之两辞"。明，明白无误；清，清楚透彻；单辞，指各个当事人的供述；狱之两辞，指双方当事人的供述。蔡沈说"明者，无一毫之蔽；清者，无一点之污。"①

——必须勤奋工作，力戒懈怠："罔不由慰日勤"，"罔或戒不勤"，哪怕连偶尔的一点懈怠也不应有。

五、《吕刑》的法学价值

《吕刑》成书于公元前十世纪，比罗马法早出五百年，比李悝的《法经》至少早八百年。《法经》业已失传，而《吕刑》全文俱在。自两汉以降，历代《刑法志》多引《吕刑》而取法，足证《吕刑》确为我国最早的法律文献之一，在中国刑法史上，占有重要的地位，其在法学上的价值不可低估。

（一）关于祥刑的思想

传统的刑法理念，历来把刑看作象征秋天的肃杀之气，甚至认为，兵与刑都是"凶器"，唯独把周穆王的这部刑事法典称为"祥刑"。《吕刑》两处提到"祥刑"：

一曰："吁！来，有邦有土，告尔祥刑。在今尔安百姓，何择，非人？何敬，非刑？"

这段话的大意是：吕侯代王宣谕："拥有国家的诸侯，享有封地的公卿大夫们，来吧，让我告诉你们怎样执行我的这部伟大而吉祥的法典。现在你们要使百姓安定，首先要选择的是什么？难道不是优秀的干部（法官）吗？首先要重视的是什么，难道不是司法工作吗？特

---

① 《尚书》蔡传

别要考虑的是什么，难道不是准确的定罪量刑吗？"前人对此也多有论述。蔡沈说："有民社者，皆在所告也。夫刑，凶器也，而谓之祥者，刑期无刑，民协于中，其祥莫大焉。及，逮也……曰何，曰非，问答以发其意，以明三者之决不可不尽心也。"① 丘濬也说得好："参错讯鞫，极天下之至劳者莫若狱；割断箠击，极天下之至惨者莫若刑，是乃不祥之器也。而古人谓之祥刑者，盖除去不善以安夫善，使天下之不善者有所畏而全其命。天下之善者有所恃而安其身。其为器也，固若不祥，而其意则至善大祥之所在也。苟用人而不择，用刑而不敬，逮人而妄及非辜，其为不祥之器也，宜哉！……穆王谓三问而三答之，其要尤在择人。得其人，必能敬刑；能敬刑，则不妄逮矣。"②

二曰："咸中有庆，受王嘉师，监于兹祥刑。"

这是《吕刑》的终篇之辞。《吕刑》本来通篇均多诰勉之词，这里更总而言之。对象是所有的"受王嘉师"。前人多把"嘉师"解释为民众，如蔡沈说："嘉，师，众也。诸侯受天子良民善众；"《尚书正义》也说："汝有邦有土之君，受王之善众而治之。"但通观全文，这里的师，当指"士师"，即接受王命的各级司法官吏，包括"四方司政典狱"、"有邦有土之君"和"官伯族姓"等在当时能行使司法权的人。因为后面有"监于兹祥刑"的话。监本可作"诸侯"解，在这里则应解为"监督"、"监管"之意，引申为执行。"此昭来世也，言今往何所监视，非用刑成德而能全民所受之中者乎？"③

将祥，将庆与刑联系在一起，实在是一种很新的刑法理念。至少说明立法者已经认识到制定一部好的刑法，并且认真执行，是国家之

---

① 《尚书》蔡传
② 《大学衍义补》治国平天下之要，慎刑宪。
③ 《尚书》蔡传

幸。或者说,《吕刑》的祥刑有类似今人所说的良法的含义。

(二) 恤刑

恤刑最早见于《舜典》之"钦哉,钦哉,惟刑之恤哉!"如何解释这个恤字,大有学问。恤,有忧虑之意。《诗经》有句:"出则含恤"。也有体恤、周济之意,如抚恤。与刑连言,有人解释为宽和,也有人解释为慎重、谨慎,孔颖达疏:"忧念此刑,恐有滥失,欲使得中也。"朱熹认为恤,不宜解为宽恤,而应解为矜恤:"大率是说刑者,民之司命,不可不谨。"照今天的刑法理论研究起来,恤刑无疑含有刑法谦抑性的价值观。这也是儒法两家刑法观的一个区别。法家主张毫不节制地,甚至超负荷地使用刑法资源,儒家则主张刑不可不用,但不宜过分张扬,刑法要体现节制、谦抑的品德。这就是《吕刑》一再强调的敬刑、慎刑。如说"惟敬五刑,以成三德"、"何敬,非刑?"、"哀敬折狱"。这都是强调对刑法要心怀敬重,不得轻慢。《吕刑》全文有四处用"其审克之"来告诫司法官吏。在讲到五过之疵时,提醒他们"其罪惟均,其审克之";在讲到罪疑有赦时说"其审克之!"在讲到上下比罪时又告诫司法官员"惟察惟法,其审克之。"在讲到"明启刑书胥占"(指判案时,要引用法律,共同定案)时,再次指出"其刑其罚,其审克之。"

如此不厌其烦地强调敬刑、慎刑,足见《吕刑》对此之重视。蔡沈说:"审克者,察之详而尽其能也。"① 丘濬根据蔡沈之说,进一步阐述说:"谓之审者,察之尽其心;克者,治之尽其力。此一言者,《吕刑》凡四见焉。其叮咛谆复,忠厚之意,详审之心,所以警戒于刑官者至矣。一时典狱之臣,又岂有移情以就法者哉!"② 对司法工

---

① 《尚书》蔡传
② 《大学衍义补》治国平天下之要,慎刑宪。

作,即要必恭必敬,又要尽心尽力,不得怠慢,不能玩忽,"《吕刑》此言,岂非万世典狱者之永鉴哉!"

(三)《吕刑》对反腐败的新认识

对于贪赃枉法,我国法律采取惩治的历史是很早的。《左传·昭公十四年》称:"昏墨贼杀,皋陶之刑也。"杜预注说:"贪以败官为墨"。贪污贿赂,败坏官纪就叫墨。这是对官吏腐败的一般性的定义。《吕刑》则深入地剖析了司法实践中引起官吏腐败的五种原因"五过之疵":惟官、惟反、惟内、惟货、惟来。没有对若干实际案例的总结、分析,是很难作出这样准确的归纳的。试拿今日的腐败现象作一对比,不是仍然很适合吗?这说明统治者对吏治的腐败已经有了相当深刻的认识。

更值得特别一提的是,《吕刑》提出了一个新的命题:"狱货非宝,惟府辜功"。狱货,枉法卖狱所得之钱财;宝,宝贵、珍贵;府,是古代收藏文书、财物的地方。《礼记》郑玄注:"府,谓宝藏货贿之处",这里可解释为积累、堆积;辜,是罪恶、罪行;功,是功绩、业绩。这句话的意思是,贪赃枉法所得的钱财不是宝贝,而只是罪恶的积累。试看那些贪官污吏,费尽心机,绞尽脑汁,弄得不义之财,自以为得计,一旦东窗事发,锒铛入狱,身败名裂,何尝又不是按着这条积累罪恶的轨迹运行呢?"狱货非宝,惟府辜功"八字可谓振聋发聩的千古警句!

(四)《吕刑》中含有丰富的哲学思想

《吕刑》是一部法典,也可读如一篇精彩的论文,其中充满丰富思辩哲学。上述"狱货非宝,惟府辜功"即是一例,它用对比的方法说明了事物矛盾转化的道理。这类的语句很多,如"虽畏勿畏,虽休勿休"、"轻重诸罚有权,刑罚世轻世重"、"惟齐非齐,有伦有要"、

"察辞于差,非从惟从",把轻与重,宽与严,一般与个别,统一与特殊的辨证关系,用极简练的话语表达出来,令人击节叫绝。

《吕刑》是吕侯的作品,至少他是立法起草的主要负责人。"此书穆王之言,而名《吕刑》者,吕侯为王司寇,言于王,王命之,参定刑书,乃推作刑之意以诰四方司政典刑者,故以《吕刑》名之。"① 由此可见,《吕刑》是由吕侯创意的,显然这里面含有吕侯自己的许多主张,况且他又担任司寇之职,有丰富的司法实践经验。可惜这段记载,语焉不详,我们对吕侯的情况了解太少,不能对他的思想进行系统的研究,但可以肯定地说,吕侯是一位西周时期的伟大法学家和思想家。前人评说:"《吕刑》一篇,千古名言,不仅成为汉魏以降之立法准则,且支配中国历代法律与法治思想深厚而久远也。"② 此诚中肯之评。

我国历史上第一部军事法规

《费誓》是在战前誓师大会上的一篇动员令,也可以看成当时的一项军事法规。它的内容除了宣布军纪、军法外,对当地百姓也提出了作战时期必须履行的义务。费,是地名,在今山东曲阜东南方。誓,也是一种《尚书》里的文体,多用作战前动员,宣布军纪。《费誓》的历史背景是周公姬旦的儿子伯禽代位封于鲁国,上任以后,适逢三监之乱,徐戎、淮夷也趁机叛乱。伯禽率军征讨,在费邑进行了誓师大会。

《费誓》写得极有气势,一开始就是"公曰:嗟,人无哗,听

---

① 《书经传说》卷二十一,王炎注。
② 王洁卿:《中国法律与法治思想》,中国台湾三民书局1982年版,第76页。

命!""注意,不准喧哗,听我的命令!"

从鲁公伯禽宣布的内容来看,当时的军纪要求是十分严厉的。

一、做好战前准备工作

"善敹乃甲胄,敿乃干,无敢不弔。备乃弓矢,锻乃戈矛,砺乃锋刃,无敢不善"。敹,缝;乃,你们;敿,栓、结;干,盾。出征之前,三军将士必须穿好铠甲,磨快刀剑,备足干粮。

二、行军途中严格纪律

"马牛其风,臣妾逋逃,勿敢越逐。祗复之,我商赉尔;乃越逐,不复,汝则有常刑。""无得寇攘,踰垣墙,窃马牛,诱臣妾,汝则有常刑。"行军中要保持队列整齐,即使遇有军牛、战马逐春奔逸,奴隶逃散,也不得擅自出队捕捉,以免影响军列。驻扎下来后,也有严格的军纪:不得抢劫掠夺,不得翻墙越垣,私入民宅,不得诱骗拐带男女奴隶等等。

三、当地居民必须承担军事义务

为了保证行军打仗的顺利进行,《费誓》对当地居民及大军所到之处的百姓也提出了要求:"杜乃擭,敜乃穽,无敢伤牿,牿之伤,汝则有常刑。""鲁人三郊三遂,峙乃桢榦,甲戌,我惟筑,无敢不供,汝则有无余刑非杀。峙乃刍茭,无敢不多,汝则有大刑。""三郊三遂",是指城郊与远郊;擭,是捕兽的陷阱;敜,是填平;桢榦,是筑土墙的模具。即要求百姓填平陷阱、拆除暗弩,以免误伤军牛战马,这显然是对沿途的猎户们说的。提供筑墙夹板,缴纳青干饲料,则是自都城近郊至三乡之远的每户百姓所必须完成的。如果不能按期、按量完成,"汝则有大刑",定斩不饶。从以上规定中可以看出两点:

第一，当时的军队组织已相当严密，行军打仗已有了一套比较详细的规章制度，对作战人员、后勤人员以及战地的居民百姓都提出了具体的要求。

第二，战时法规较平时法规为严。仅从《费誓》的有关条文看，不按时为军队提供筑墙夹板或者不如数缴纳青干饲料，要处死刑，而且"有无余刑非杀"。除死刑外，没有别的刑罚可言，显然这比平时不按时纳粮完税处罚要重得多。

军事法规，中国历代都有，许多朝代是附在统一的刑法典里的。《费誓》在中国法制史上是一篇极有价值的材料。不少论及中国法制史的著作，都引用过"无得寇攘。踰垣墙，窃马牛，诱臣妾，汝则有常刑"来说明周代的法律。严格说来，《费誓》是周代的军事法规，对研究中国法制史，特别是中国军法史，有重要的参考价值。

第三，中国历来有"刑起于兵"的说法，《周易》称"师生于律"，此之谓也。战争孕育了刑法，从《费誓》可以看出，刑罚最早的用武之地是在金戈铁马的战场上。这对研究我国刑法的起源有重要意义。

余　论

除上述各篇以外，《尚书》中还有很多精彩的法律论述。我们看《大禹谟》中记述夏禹和皋陶在舜的衙前会议上讨论国政。皋陶讲了下面一段话："临下以简，御众以宽；罚弗及嗣，赏延于世；宥过无大，刑故无小；罪疑惟轻，功疑惟重；与其杀不辜，宁失不经。"寥寥二十五字，却言简意赅，有丰富的内容。我们用现代语言表示，大致可以是：管理下级要简政放权；统治百姓要宽厚；刑罚不能株连后代，赏赐却不妨泽及子孙；再重的过失犯罪都可以宽免，再轻的故意犯罪也必须严惩；犯罪证据有怀疑的应当从轻发落，论功行赏宜就高不就低；宁肯被人指责为放弃原则，也不能滥杀无辜。其中，有对领导方法的提炼，有关于刑事责任的规定，有关于处理过失犯罪和故意犯罪的原则。特别是"罪疑惟轻"一句。罗马法中有"有疑，为被告人之利益"的规定，被后世奉为无罪推定之先河。但罗马法成于公元前五百年左右，而皋陶却先于罗马法一千八百多年而言。悠悠岁月的流逝，更令我们惊叹于中国传统法文化的博大精深。

《君陈》中，有这样一段话："殷民在辟。予曰辟。尔惟勿辟；予曰宥，尔惟勿宥，惟厥中。"君陈是周公之子，伯禽之弟，周公死后，成王任命他为京畿东郊成周地区的行政长官。赴任前，成王对他进行训勉，讲了这段话，意思是："对于触犯法律的殷商遗民，即使我说该杀，你也不能就杀；我说该恕，你也不一定就恕，唯一标准只能是公正地执行法律。"如此尊重法律，不愿以言代法的话出自数千年前一位奴隶制专政的君主之口，实在令人惊异。中国封建社会制下的皇帝向来是"朕即国家"，"言出法随"，有一点开明思想的皇帝，可谓凤毛麟角。史载唐太宗曾对"诈伪资荫者"下敕判处死刑，而且对坚持依法办事的戴胄大发脾气，在戴据理力争的情况下，他才说："法有所失，公能正之，何忧也。"而周成王竟能主动向臣下提出，且不仅仅是针对个案，而是作为一条原则，实在是难能可贵，而我们现在一些领导者，却仍然习惯于批条子，打招呼，干预司法。读一读这段几千年前先贤留给我们的话，不应当有所醒悟吗？

此外《尚书》，中还有一些篇章，如《康诰》中对故意犯罪、过失犯罪、偶犯、累犯的论述，《皋陶谟》中对"天讨有罪，五刑五用"刑法思想的阐发，《多士》中对迁徙殷商遗民政策的公布。如果说《酒诰》是我国历史上第一部戒酒令的话，《多士》就是我国历史上第一篇移民法令。

翻阅《尚书》,直如陶渊明《桃花源记》中所云:"但见芳草鲜美,落英缤纷",令人"甚异之"。不过,现在问津者大有人在,中国法律文化史中的这块"世外桃源"一定会向世人展示出更美好的景致的。①

---

① 本文原载,高绍先:《法史探微》法律出版社2003年版,第3页。

就《尚书》新解问题与蔡枢衡同志商榷[*]

张　紫　葛

　　《尚书》这部书，前贤广有研究，专著不少，考证更多；且对其成书确期聚讼纷纭，迄无定论。但不管怎样，它总是一部很有史料价值的古籍，因而正确地解读它，实有必要。

　　蔡枢衡同志在《法学研究》1980 年第 4 期所发表的《历史上定罪和处刑的分工》一文（以下简称蔡文），基本上以《尚书》为立论依据；然而所引《尚书》经文，绝大多数在经过一番考订之后，作了很不寻常的改变。这就实际上提出了一种崭新的解读古代典籍的方法。如果这个方法准确可靠，那将是文史科研方面的可喜突破。然而细加思索，实不敢苟同。

　　首先，蔡文似乎从根本上否定了前辈学者对《尚书》的研究。文章头一段写道："《尚书》是现存古书中内容最古的史书。但据现传汉、唐人士的注疏，连《吕刑》的内容，也是令人读了不知所云。至于虞、夏司法制度，好像《尚书》内容根本不曾涉及。实则由于《尚书注疏》所用望文生义的解释方法，不能阐明原文涵义，反会掩盖原文真义，遂致《尚书》成了与法制史无关的文献。"这未免有点失之武断。

　　据我们理解，实际并不如此。试看《吕刑》中的这一节：

---

[*] 本文刊于广西社会科学院主办：《学术论坛》1982 年第 3 期，总第 18 期，第 99—101 页。

"在今尔安百姓，何择？非人？何敬？非刑？何度？非及？"

"两造具备，师听五辞。五辞简孚，正于五刑；五刑不简，正于五罚；五罚不服，正于五过。"

"五过之疵，惟官，惟反，惟内，惟货，惟来，其罪惟均。其审克之！……"

"简孚有众，惟貌有稽。无简不听，具严天威。"

"墨辟疑赦，其罚百锾；……"

这里，除少数词汇，如"度"、"及"、"貌"等，须循古义，始可获悉全句文意之外，基本上望文知义，清清楚楚是说的司法方面的问题。决然不是"令人读了不知所云"。诚然，《尚书》的文字确较艰深，训释如过分拘泥于本义，有时难免有望文生义之弊。但循文索义，仍是训诂的基本方法，似乎不宜全盘否定。任何科研工作，都要以前人的研究成果为基础，取长弃短，更求前进。汉、唐学者对《尚书》的注疏确有一些穿凿附会，曲解文意之处。例如宋人蔡沈等对《吕刑》中"惟貌有稽"一语的解释就不一定正确。因此，我们应该对前人的注疏有分析、有鉴别地接受。但如果全面否定，一概抹煞，则似欠公允。

蔡文由于全面否定了前代学者的解读方法，从而完全否定了《尚书》经文的文字符号作用，于是就把《尚书》经文另作设想，加以改易。较之原文，面目全非，立意迥异。总计蔡文引《尚书》十一条，无一例外地作了考订，改字易辞，有的甚至字字改换，务求标新。例如：

"《尚书·吕刑》：'两造具备，师听五辞'。原文当作'醇糟饩糈，师定欒词'。意思是说：缴纳浆酒饼饭四种食品后，士师开始审定确认犯罪事实人员所拟判决书稿。"

"《尚书·吕刑》：'简孚有众，惟貌有稽'。原文当作'简傅有章，惟貌有稽'。意思是说：简册定有专条，处罚才有根据。简无明文而处罚，实为制度所不许。"

"《尚书·吕刑》：'五辞简孚，正于五刑。五刑不简，正于五罚。五罚不服，正于五过'。原文当作'劈词简傅，正于劈成。劈成不简，正于劈法。劈法不传，正于劈过'。意思是说：邦成有明文，依邦成裁判。邦成无明文，依邦法裁判。邦法无明文，依邦过裁判"。

究竟凭什么说"原文当作"这般改动呢？蔡文是这样注的：

"两（凉）醇同音，两借为醇。《广雅·释器》：'醇，浆也。'《说文通训定声》：'醇即周礼浆人之凉'。醇是清凉饮料。《史记卷四集解》：'造，一作遭'。遭糟同音；造糟音近，造遭皆为糟。《说文解字》：'糟，酒宰（滓）也'。糟是带糟的酒，也是一种饮料。具馉同音，馉省作具。《集韵·遇韵》：'馉，寒馉，饼属'。备糒同音，备借为糒。《说文解字》：'糒，乾饭也'。两造具备，实是浆酒饼饭四种饮食品。"（见蔡文注㉗）

总观蔡文，凡注42条，四千五百余字，除第一条是论《尚书》经文不可"望文生义"，第23、24条另有注释，第2、3、4条形式略有差异外，余注悉为改写经文文字，凡36条，全部用这方法：甲乙音近，甲借为乙。因而原文的甲当作乙。甚至于：

"哀有衣音，衣依同音，哀借为依。"（见蔡文注㉟）——甲有乙音，乙丙音近（同），故甲即丙。

"自是古文鼻字。鼻毖音近，鼻借为毖。《集韵·至韵》：'毖，慎也。'"（见蔡文注⑩）——甲为古乙，乙丙音近，乙借为丙；某书丙作丁解，故甲即丁。

"元袁音近，元借为爰。爰是箮的省笔。箮是竹名，因亦简名。"（见蔡文注⑩）——这里竟在甲乙音近之后，突然来了一个甲作丙，即使按作者的方法，亦不知这个乙（袁）究作何用。而下面说丙是丁的省笔，亦未提出依据，就因而断甲为丁。并且，只因为箮是竹名，

"因亦简名"。这有如下跳棋,经过连续五次辗转跋涉,生拉活扯地得出结论:"自作元命,配享在下",就是"慎重查阅刑法有关章节,援引适当条文,拟定犯人应得罪名和应处刑罚。"象这样滥用通假,辗转为训,实在不足效法。

其实被蔡文改掉的经文,大多原是正确的。例如"两造具备,师听五辞"一段,证之《周礼》,全都符合。如《周礼》说:

1."以两造禁民讼,入束矢于朝,然后听之。""以两剂禁民狱,入钧金,三日乃致于朝,然后听之。"(《秋官·大司寇》)郑注:两造是"使诉讼者两至。"剂,"券书也",大致类似现代的"状子"、"甘结"之类。束矢,一束箭;钧金,黄铜三十斤。这就是说,两造,确为诉讼双方。又按《周礼》原文,可以理解为要交诉讼费。但交的应是"矢"或"金",而不是蔡文认定的"浆酒饼饭"。并且,诚如蔡文所说,用"浆酒饼饭"交纳诉讼费,那就会生出不少有趣的笑话。例如:蔡文把"两"推演为"清凉饮料",岂不是冬天打官司,也要缴清凉饮料?

2."以五声听狱讼,察民情。一曰辞听,二曰色听,三曰气听,四曰耳听,五曰目听。"(《秋官·小司寇》)郑注曰:"观其出言,不直则烦;观其颜色,不直则赧然;观其气息,不直则喘;观其听聆,不直则惑;观其牟(眸)子视,不直则眊然。"这种五听,当然是主观唯心的一套,据以审案,定会害人不浅。但这却可以证明,《尚书》经文中的"两造"、"五辞",肯定不是蔡文所说的"醇糟"和"譬词"。

3."方士掌都、家,听其狱讼之辞"。(《秋官·方士》)贾疏曰:"听其狱讼之辞者,谓方士莅都士、家士而听狱讼也。"这里说的是"听其狱讼之辞"。可见,《尚书·吕刑》中的"师听五辞"一语,说的是审讯过程,类似现代的法庭调查,而不是蔡文所说的"开始审定确认犯罪事实人员所拟判决书稿",即不是诉讼程序中的判决。

4.《秋官·司刺》在叙述"司刺掌三刺、三宥、三赦之法,以赞司寇听狱讼"的具体职守时说:"一刺曰讯群臣,再刺曰讯群吏,三刺曰讯万民。"显然,这里的"三刺"就是《尚书·吕刑》所说的"简孚有众"。

《周礼》与《尚书》作者不同,成书各异,何以所叙一致,如合符节?由此可见,蔡文对《尚书》经文的改易,未免失真,实则并无必要。

既无必要,何以要改呢?据该文注①说:"现传《尚书》是用古(隶)字写的,实是通过汉文帝时伏生口诵,伏女转述,晁错耳听手记而成。写成后,又未经过伏生校正。后世称为今文《尚书》。伏生年逾九十,口齿不清。伏女和晁错,对于尚书,都是一窍不通。两人之间却存在着济南口音和颍川口音的隔阂。……因之我们对于现传《尚书》内容,必须字斟句酌,严加考证。……我经过二十余年的钻研,越来越感到望文生义的办法,不适用于解读《尚书》。"

对于这个问题,《汉书·儒林传·伏生》是这样说的:"伏生,济南人也。故为秦博士。孝文时,求能治《尚书》者,天下亡(无)有。闻伏生治之,欲召,时伏生年九十余,老不能行。于是,诏太常使掌故朝错(晁错)往受之。(颜师古注:'卫宏定古文《尚书》序云:伏生老不正言,言不可晓也。使其女传言教错。齐人语多与颍川异,错所不知者,凡十二三,略以其意属读而已。')秦时禁书,伏生壁藏之。其后大兵起,流亡。汉定,伏生求其书。亡数十篇,独得二十九篇,即以教于齐、鲁之间,齐学者由此颇能言《尚书》。山东大师亡涉《尚书》以教。伏生教济南张生及欧阳生。张生为博士,……是后,鲁周霸,洛阳贾嘉颇能言《尚书》云。"

且不说伏女和晁错是否对《尚书》硬是"一窍不通"(其实我们

没有任何根据作这种绝对诊断,特别是对伏女),记录之后是否确实"未经伏生校正"(同样也无实据,未便臆断)。然而,至少有两点是可以肯定的:(1)总而言之,各种原因加在一起,伏生所授,晁错未能畅晓的只有十之二三,而蔡文否定并加以修改的经文则达十之七八,乃至全句,全段;(2)伏生早于汉定天下之初,就在齐、鲁授《书》。假令以天下"太平"为定,至迟不得迟于汉高祖十年,即公元前196年。晁错受《书》是汉文帝时,就算文帝二年,也该是公元前178年。时伏生年九十余,则前196年伏生仅七十甚或六十几岁。那时,他总未"口齿不清"。且系授业于齐、鲁之间,齐、鲁子弟和伏生并无地方语言之隔阂。况且伏生是持所剩的《书》二十九篇传授的。有本为据,没有记忆不确的问题。特别是,学生中有济南张生和欧阳生,他们都是伏生的同乡,绝无语音的隔阂,所受《尚书》总该是正确的。而张生又曾被立为博士。其后东京十四博士中,治《书》者有欧阳及大小夏侯三家。那么,如果晁错所记大有出入,类如今日蔡文所认定的状况,当时竟无人校正,这又如何理解呢?

蔡枢衡同志是卓有声誉的老学者,专研《尚书》多年,而其考订竟可疑议如此;足见方法正确与否极为重要。

自蔡氏解读《尚书》新法问世以来,已经一年。而各地论坛还未见到有人提出异议。这有两种可能:一是这个解读法没有引起注意,因而没有任何反响;另一种可能则是,学术界已经接受了蔡氏的这种方法。不管原因何在,我觉得对古籍的解读,应持严肃态度,这关系到正确继承文化遗产的问题。因而讨论一下蔡氏解读《尚书》的新方法,明确其是否可从,也就更觉必要了。笔者未专治《尚书》,管窥蠡测,不敢自是己见,如蒙同志们指正引谬,则不胜感激。

论《洪范》的法学意义[*]

张紫葛　高绍先

一

从法制史的角度看,《尚书·洪范》含有丰富的法学内容。甚至可以说,它是一部类如现代宪法的根本法性质的法典。

这并不是我们标新立异。古代学者早已作过这样论断,只是他们没有使用"宪法"这个术语而已。

《尔雅·释诂》:"洪,大也";"范,法也"。

《尚书》的伪《孔安国传》说:"洪,大;范,法;谓天地之大法。""所以恢弘至道,示人主以规范也。"

朱熹说,《洪范》"是治道最紧切处"。"天之下事,其大者大概备于此矣。"(《朱子全书》,卷三十四《尚书·洪范》)。

吴澄说:"范,如金之有范也。其纲九,其目五十,天下之道,包罗无遗,故曰洪范"(见王巨源:《书经精华·洪范》)。

《洪范》正文的头一段,即从"惟十有三祀,王访于箕子"起到"天乃锡禹洪范九畴,彝伦攸叙。"是这部法典的"序言",内容恰如

---

[*] 本文原载《成都大学学报社科版》1986年第2期,又被中国人民大学书报资料中心复印报刊资料《法律》1986年第12期全文转载。

现代各国宪法的序。只是它适应奴隶制国家"君权神授"学说，宣称法典来自天授。

紧接"序言"列举了法典的九大篇章："五行，五事、八政、五纪，皇极，三德，稽疑，庶征，五福与六极。"这，是这部法典的"总则"；再下面分叙各章，就是九章分则了。

可见，《洪范》体系完整，具有法典的特征。朱熹对此有如下一段论述："九畴之序，顺言之，则五行为始，故五行不言用，乃众用之所自出。错而言之，则皇极为统，故皇极不言数，乃众数之所由该。以五行为始，则由一至九，愈推愈广，大衍相乘之法也；以皇极为统，则生数主常，成数主变，太极动静之分也。"（《朱子全书》卷三十四）这段话的唯心主义成分应该批判，但它至少说明了两点：第一，"五行为始"，就是说五行学说是这部大法的理论根据，属于意识形态部分；第二，"皇极为统"，说明维护至高无上的君权统治，是"洪范"的根本主旨，九畴之法都是为这个目的服务的。

宪法是资产阶级革命的产物。中国有立宪始于1908年清光绪之《钦定宪法大纲》的颁发，因此，我们说《洪范》是宪法，决不是说它已具有现代宪法的全部特征。比起近代资产阶级的宪法来，它无疑要简陋、粗疏、原始得多，但它又的确不同于中国封建社会的任何一部刑法典，包括上起《法经》，下至清律。《洪范》不涉及定罪量刑的具体问题，而是对整个国家的政治、文化、经济的原则规定，所以，我们说《洪范》是一部具有宪法性质的法典。

二

《洪范》的制作者为什么要把五行学说作为这部法典的指导思想呢？这须从五行说的起源说起。

《尚书大传》中有这样一段记叙:"武王伐纣,至于商郊,停止宿夜,士卒皆欢,乐以达旦,前歌后舞,假于上下,咸曰:'孜孜无怠。水火者,百姓之所饮食也;金木者,百姓之所兴生也,土者,万物之所资生也,是为人用。'"这一段话表明五行说是劳动人民首先创立的,大约在殷周之际,已广泛在民间流行,以至被谱入歌曲,连周武王的士卒也能在前沿阵地同声歌唱。把这一段话和《洪范》中对五行的叙述作一对比,就会发现其间的不同颇为微妙。《洪范》对五行说的是"水曰润下,火曰炎上,木曰曲直,金曰从革,土爰稼穑。"而序言部分则有这样一段话:"鲧陻洪水,汩陈其五行;帝乃震怒,不畀洪范九畴,彝伦攸斁。鲧则殛死,禹则嗣兴;天乃锡禹洪范九畴,彝伦攸叙。……"百姓心目中的五行是五种客观存在的物质,是百姓饮食居止依靠的资源;《洪范》所说的五行则是上帝手中的工具,是祸福休咎的标志。鲧因为用堵的办法治水,"汩陈其五行",违背了上帝的五行规律("其"应作物主代词,即"上帝的"),不但自己身败名裂,遭致极刑,而且引起上帝的震怒,拒不批准把洪范九畴赐给人间,因而尘世伦常乖违,秩序混乱;大禹治水得法,合于上帝的五行之道,上帝很高兴,就把洪范九畴赐给了禹。可见,五行和洪范之间有着直接的因果关系。五行顺而洪范生。来自民间的朴素唯物主义观点,经过"洪范"作者的加工,成了"君权神授"的理论根据。

殷周之际,原先的天道观曾发生了一次危机。一方面,对老天爷的抱怨、憎恨情绪,不仅在苦难深重的奴隶群众中广泛产生,而且波及到部分没落的贵族阶层,从"浩浩昊天,不骏其德"(《诗·雨无正》)的埋怨到"时日曷丧,予及汝皆亡!"(《汤誓》)的诅咒,都足以说明这一点。另一方面,商汤反桀,武王伐纣本身就否定了君权神授的神话。这就需要创立一种适合新情况的理论来加以补救了。于是《洪范》的作者提出了以五行为核心的天人感应学说。虽然这同样是君权神授的观点，和原先的天道观相比，无非是新瓶装旧酒，但也不是毫无不同。其中最关键的变化就在于把原先比较空泛、抽象的上帝赋予了人们看得见、摸得着的五种具体的物质形象。本来，在当时人们的心目中，金、木、水、火、土就是既能造福，又能降灾的，因而人们对它们总是怀着既神秘又敬畏的心理。现在《洪范》的作者说五行不是客观的自在之物，而是上帝掌握中的工具，显然，这就提高了天的权威。

这在《洪范》序言中的另一段说得更清楚："……惟天阴骘下民，相协厥君"。阴，《伪孔传》说："默也"，汉马融注："覆也。"其实，此处之阴，应作"荫"解；马融的"覆也"，差近原义。《诗·大雅·桑柔》："既之阴女（汝），反予来赫"一句中的"阴"，即取此义。《释名·释天》"阴，荫也"一条更可佐证。所以阴就是庇护、保佑，引申而为"恩赐"、"赐福"。骘，《史记》把它译为"定"，《伪孔传》也说："骘，定也。"孔颖达说："《传》以骘即质也，质训为成，成亦定义，故为定义。"即现在的"安定"之意。马融说："骘，升也，升犹举也，举犹生也。"《尔雅·释畜》云："牡曰骘"《说文解字》云："骘，牡马也。"按六书理论来考查，骘应解为"生"，即缔造、赋予生命。相，历代注疏家多释为"佑"、"助"似无异说，但细按尚欠贴切。《荀子·成相》中有一句话大可发明此义："如瞽无相，何怅怅。"牵瞎子走路就叫"相"。牵者是主动的，瞎子是被动的，这和"惟作天牧"（替天放牧百姓）的"牧"似更相近。

故"惟天阴骘下民，相协厥居"应理解为"上天赐福，创造了下界的臣民，并安排他们和谐、安定地生活。"简单一句话，提出了两个论断：一、世界和人类都是上帝创造的；二、人间的一切是上帝安排的。试把《洪范》序言的这一段话和1215年《英国大宪章》序言中的一段作一比较："朕受天明命，续承尊位，朝乾夕惕，唯恐失坠。

我心孔忧,孰从安之?先帝威灵,孰从瞻之?凭何阴骘?福佑后嗣;以何嘉谟,归荣上帝。"二者实可谓异曲同工。对此,前辈学者早有发挥。如孔颖达《正义》就说过:"民是上天所生;形、神,天之所授,故天不言而默定下民;……民有其心,天佑助之,令其谐合其生,出言是非,立行得失,衣食之用,动止之宜,无不禀诸上天,乃得谐合。失道则死,合道则生。言天非徒赋命于人,授以形体心识;乃复佑助,谐合其居业,使有常生之资。"这解释得何等清楚:人的一俯一仰,一饮一啄,都得请求上帝,由上帝决定。汉代的董仲舒则说得更为彻底:"木生火,火生土,土生金,金生水,水生木,此其父子也。木居左,金居右,火居前,水居后,土居中央,此其父子之序,相受而布;是故木受水而火受木,土受火而金受土,水受金也。诸授之者,皆其父也;受之者皆其子也。常因其父以使其子,天之道也。是故木已生而火养之,金已死而土藏之;火乐土而养以阳,水克金而丧以阴,土之事火竭其忠。故五行者,乃孝子忠臣之行也。"(《春秋繁露·五行之义》) 这真是一语破的,原来五行是有意志的神,五行之道就是君臣父子的规律。

三

在《洪范》九畴中,皇极一章的写法与众不同:不仅字数最多,共二百五十三字;而且中间夹有一段有韵的文字,"即……无偏无党,王道荡荡,无党无偏,王道平平……"几句。《洪范》的起草者用诗一般的语言歌颂君权的伟大。即此也足以说明皇极一章在《洪范》中的地位和作用。

皇极是什么呢?伪《孔安国传》释为"大中之道,大立其中。"孔颖达宗之,疏道:"皇,大也;极,中也。施政教,治下民,当使大得其中。……人君为民之主,当大自立其有中之道。"所以现在有学者将"极"译为"最高原则"的。但朱熹的解释与此不同。他认为"今人将皇极作大、中解,都不是。皇有训大处,惟皇极之皇只当作'君',所以说'遵王之路',直到后面'以为天下王'其意可见。盖皇字下从王,皇极一章乃九畴之本。"(《朱子全书》卷三十四)

蔡沈说:"极,犹北极之极,至极之义,标准之名。中立而四方所取正者也。无不极,其义理之当然。而无一毫过不及之差,则极建矣"(《书集传·洪范》)。

朱、蔡的解释直截了当,可谓深谙《洪范》的立法精神。《汉穆拉比法典》把国王称为巴比伦的"太阳",《洪范》把君王比作众星拱卫的北极,都是古东方奴隶制君权神授法律化的典型。

《皇极》这一章内容丰富、具体,大略言之,有以下四点。

第一,天子的话就是法律,举国臣民必须一体遵照。"皇极之敷言,是彝是训,于帝其训。凡厥庶民,极之敷言,是训是行,以近天子之光。"蔡沈解释说:"非君之训也,天之训也。其理出乎天,言纯乎天,则天之言矣。"(《书集传》)蔡沈的解释正符原文旨意,天子金口玉言,出口成律,言出法随。但天子的话并非他个人的意志,而是上帝的意志,天子不过代天行事而已。百姓听从天子的话,也就是遵从上帝的训示。

第二,天子的信念就是最高的道德标准,举国臣民必须身体力行。"凡厥庶民,无有淫朋,人无有比德,惟皇作极。"在《洪范》形成的时代,"人"和"民"有着严格的界限。"民"属于被统治阶级,即指奴隶而言;"人"则指统治阶级。《洪范》在使用这两个词的时候,界限是十分明确的。这里所说的"民"不能有淫朋,人不应有比德。就是说一切奴隶平民不得结朋为恶,心怀不满;一切统治阶级的分子也不准结党营私,怀有二心。不论是被统治阶级还是统治阶级,只能有一种道德信念,"惟皇作极",以天子的德范作为自己言行的准则。

第三,天子拥有生杀予夺、赐福降祸的绝对权柄。

"敛时五福,用敷锡厥庶民;惟时厥庶民于汝极,锡汝保极。"《洪范》第九章规定的五福是:寿、富、康宁、攸好德、考终命。五福俱全,当然是人人求之不得的事。但《洪范》皇极一章却说,五福不是凭人们主观努力所能获得的,必须靠天子的恩典。五福俱全,功在天子;五福有亏,咎在自己,有福的自应感恩戴德,报效朝廷,无福的只能反躬自省,立功补过,皇极自然就永无一失了。

恩赐五福,不仅是天子对一般臣民的恩宠,而且也是考核、升黜官吏的手段。"凡厥正人,既富方谷,汝弗能使有好于而家,时人斯其辜。"一切公卿官吏,既已荣获天子所赐的富贵俸禄,就必须尽忠竭力而且成效卓著("有好于而家"),否则就是犯罪。对于那些道行高,有本事的人,应当委以重任,使他们为奴隶制国家的昌盛富强作出贡献,"人之有能有为,使羞其行,而邦其昌。"自然,对这些人赐以五福是天经地义的了。而对于那些没有德行的人,则不能赐以福:"于其无好德,汝虽锡之福,其作汝用咎。"如果轻信他们,滥赐给了富贵权势,不仅他们自身无福消受,而且也将给整个国家带来灾害。

第四,君权神授的奴隶主统治是最理想的政治制度。

《洪范》皇极一章里用了一段诗一样的文字歌颂王道的公正、平等,即"无偏无陂,遵王之义;无有作好,遵王之道;无有作恶,遵王之路;无偏无党,王道荡荡;无党无偏,王道平平;无反无侧,王道正直。"这一段话有两层意思:一层言王道的浩荡宏大,公正、无私,对全体臣民一视同仁,是最美满的政治制度,一层言臣民对天子必须无限忠诚,不能有丝毫过激、偏颇的言行,更不能心存异端,意怀邪念。蔡沈的《书集传》云:"王之义,王之道,王之路,皇极所由行也。"顾锡畴说:"以其事物之当然曰道,以其为天下之共由曰路"（王巨源·《书经精华》）。综合他二人的说法，即举国上下，必须同心协力，无偏无私，才能体现王道精神，而王道精神为"事物之当然"，"天下之共由"，是绝对真理，任何人不得违背的。

皇极一章的这四项规定，归结到一点，就是本段最后一句结论："曰：天子作民父母，以为天下王。"这一条奴隶制国家的宪法原则，为后世遵奉，由奴隶社会而封建社会，沿袭了几千年。

四

按朱熹的说法，洪范九畴除五行、皇极以外，都属于"用"的部分。从法律的角度讲，都是对具体事务的规定。

综观属于"用"的七章，主要有以下四个方面：一、国家经济生活，主要是农业生产。二、国家机构及其职能。三、社会等级。四、道德规范。

属于农业生产的规定，主要体现在"五纪"和"庶征"两章里。当时虽然手工业和商业已有一定的发展，但影响国计民生最重要的仍是农业生产，而农业生产又和时令节气关系极大，所以"五纪"首先规定以岁、月、日纪时的方法。中国的旧历（这里指的是以建寅为岁首的夏历）始于夏，故又称夏历，正是从劳动人民从事农业生产的实践经验中总结出来的，周正建子为天统，以夏之十一月为正月，但历法基本上沿用夏制。《洪范》把历法推算的方法视为天授，这和《尧典》中所说"钦若昊天，历象日月星辰，敬授人时"的思想是一脉相承的，即百姓的耕耘播收，必须严格遵循上帝赐与的历法。

"农用八政"是关于国家机构及其职能的专章。那里规定了主管国家主要事务的中央机构："一曰食（农牧业生产），二曰货（手工业、商业），三曰祀（祭祀），四曰司空（户口民政），五曰司徒（教育文化），六曰司寇（治安、司法），七曰宾（礼宾、外交），八曰师（国防、军事）。"由此可见，当时的国家机构已相当完备。

国家机关在发挥职能时应当遵循一定的原则。按现代观念来解释就是政策和策略。这在"三德"节里有明确的规定："三德：一曰正直，二曰刚克，三曰柔克。平康正直，强弗友刚克，燮友柔克；沈潜刚克，高明柔克。"

细研原文，三德并非指个人品德修养，而是指国家进行统治的不同政策。这只要和后面所说的"平康"、"强弗友"、"燮友"相对照，其义自明。"平康"、"强弗友"、"燮友"都是对不同的政治形势的概括："平康"是指"天下太平"的盛世；"强弗友"是指阶级矛盾尖锐激烈，奴隶起义风起云涌的"乱世"；"燮友"则是指阶级矛盾渐趋缓和，国家暂时相安无事的时候。而正直、刚克、柔克，就是指对不同形势制定的不同政策。正直是一种中正平和，不偏不倚的政策；刚克、柔克，实际上就是"从严"和"从宽"的意思。对此，孔颖达有一段很精辟的解释，他在《尚书正义》中说："此三德者，人君张弛之德有三也。……随时而用之。平安之世用正直治之；强暴不顺之世，用刚能治之，和顺之世，用柔能治之。"《伪孔传》也说："世平安，用正直治之"，"世强御不顺，以刚能治之"，"世和顺，以柔能治之"。可见，正直是守常之道，刚克、柔克，是处变之策。

但是，刚、柔、严、宽不是绝对的，必须严中有宽、宽中有严。所以《三德》又特别加上"沈潜刚克，高明柔克"。高明指天，沉潜谓地。天威临大地，属阳，属乾，是刚德（性），但它又有轻氲之气，熙和之风，刚中有柔；地孕育万物，属阴，属坤，是柔德（性），但又怀有金石之坚，柔中有刚。所以《伪孔传》说："地，虽柔亦有刚，能出金石"，"言天为刚德，亦有柔克，不干四时。"孔颖达也说这一段经文是"举天地之德以喻"，"地之德沉深而柔弱矣，而有刚能出金石之物也。天之德高明刚强矣，而有柔能顺阴阳之气也。"(《正义》)。

把这一段经文和最后一段提到的"响用五福，威用六极"联系起来，可以认为宽严相济，恩威并用是《洪范》法定的国策。

关于严格的等级制度，《洪范》里处处可见。如在"庶征"、"稽疑"里都把王、卿、士、庶民严格分开。其中，最突出的一段是"三德"一章中所说的"惟辟作福，惟辟作威，惟辟玉食；臣无有作福，作威、玉食；臣之有作福、作威、玉食，其害于而家，凶于而国，人用侧颇僻，民用僭忒。"

"辟"是天子。这一段说的是，只有天子才能作威作福，锦衣玉食，臣子不能享此特权，如果臣子竟敢作威作福，锦衣玉食，皇室就会受害，国家就要遭殃，百姓就会没上没下，背离纲常，而奴隶们也会不守本分，犯上作乱了。

应当注意的是，"玉食"不仅指天子个人的豪华生活，而且指皇家的经济特权，即奴隶主的私有制。因为如果单指吃得好，诸侯大夫也是可以锦衣玉食的。有权就有利，权为利设，利借权生，所以孔颖达解释说："政当一统，权不可分也。"只有巩固了奴隶主阶级的政权，才能确保奴隶主阶级的私有制。

据《左传·昭公七年》载，我国春秋以前的奴隶社会的等级制度为："王臣公，公臣大夫，大夫臣士，士臣皂，皂臣舆，舆臣隶，隶臣僚，僚臣仆，仆臣台。"其中士以上为奴隶主阶级，皂以下为奴隶主阶级，这比《罗马法》以及巴比伦、雅典等奴隶制国家的法律关于等级制度的规定远为缜密、严格。《洪范》虽然没有详细写出"人有十等"的具体等级，但却把公开不平等的原则上升到了法律的高度。

关于道德规范的规定，主要在"敬用五事"一章。说的是不论统治者和被统治者都必须进行貌、言、视、听、思五个方面的道德修养。天子"敬用五事"就是圣君，臣僚"敬用五事"可作贤臣，庶民

"敬用五事"便算良民。

从表面看来,"敬用五事"是对全体社会成员而说的,不分等级,一视同仁。实际上,正如提倡忠孝治天下的皇帝可以靠篡杀得位一样,"敬用五事"只是对被统治阶级的片面要求。比如"貌曰恭,言曰从",恭敬而顺从,显然不是天子对庶民的态度,而是庶民对天子的义务,只要庶民百姓对"五事"信以为真,对皇极服服帖帖,循规蹈矩,统治阶级就便于统治。

以上不过略举大要,初作论列。详抒所见,有待异日。

《中国注释法学文库》编后记*

"法学作为一种学术型态,其重要的构成要素是法律注释学,这是区别于哲学、文学、美学、经济学等其他人文学科的重要特点。法律注释学虽然早在古代即已产生,如古代罗马的私法注释学、古代中国的刑法注释学等,即使在没有法典的中世纪英国,也产生了法律注释学即判例法注释学。"① 注释法学是世界法学研究共同的样态。

中国古代法学就价值层面,具有无神论和现实主义精神,其法学理论的思辨精神淡薄,理论层次不高。从文献上讲,中国古代法学资料十分广泛,如《易经》《尚书》《周礼》《左传》《国语》《论语》《孟子》《荀子》《墨子》《老子》《庄子》《商君书》《慎子》《申子》《韩非子》《吕氏春秋》《历代刑法考》,还有正史列传、循吏列传、酷吏列传,《食货志》、私人文集,奏议及类书、丛书中的有关部分都与法学有关。②

从辞源上来讲"由于法学的概念是近代海禁打开以后,从西方输入的文化范畴,在古代是没有的,因此,传统律学就可以说是中国古代特定历史条件下的法学。"③ 所以,古代中国并没有出现正式定名的法学,有的是实质意义上的法学,即中国古代的律学。律学讲求"法条之所谓",④ 与中国传统学术习惯和研究范式相一致,字词意的

---

* 原文标题为"中国法学中的注释法学"
① 何勤华:《法律近代化考论》,载《法律文化史谭》,商务印书馆2004年,第281页。
② 同上书。
③ 张晋藩:《清代律学及其转型》,载《律学考》,商务印书馆2004年,第413页。
④ 武树臣:《中国古代的法学、律学、吏学和谳学》,载《律学考》2004年,第11页。

考据是学术的基础。从这个意义上说,古代的中国就已经产生了与近代法学意义同一的律学。两千多年来,对法律的研究大都驻足于如何准确地注释法律、诠解法意、阐明法律原则,形成了以注释律学为主要代表的传统律学。中国古代的注释法学,以注释律学为载体,是以注释国家的制定法为特征。注释的宗旨,在于统治者设定的框架下,准确注释法律条文的含义,阐明法典的精神和立法原意,维护法律在社会生活中的统一适用。①

在这个意义上说中国古代的注释法学,即律学,经过漫长的发展阶段,大致分为如下:传统注释律学的发端是以商鞅变法,改法为律和以吏为师为起始。西汉引经解律是注释律学的早期阶段。东汉章句注释到晋律解是律学的奠基阶段。《唐律疏议》的出现标志着注释律学的发展阶段,这一阶段显著特点是唐代以官定的律疏取代私家注律,强调法律解释的国家权威性。注释律学自宋代至元代逐渐衰微。明代是专制主义极端强化的时期,是注释律学振兴和复苏的时期,产生了著名的注释律学大作,如彭应弼《刑书据会》、陆柬《读律管见》、王肯堂《律例笺释》等。到清代注释律学又达到了鼎盛,历两百年不衰,直到 20 世纪初西学东渐而来的近代法律转型,建立中国近代法律体系止,清代的注释法学,在注释方法、注释内容和注释风格上,更达完备性、规范性,成为传统注释律学的最终成熟形态。②

中国传统法学到 19 世纪晚期经历着中华法系的死亡与再生,③在此基础上产生了中国近代的注释法学。19 世纪末 20 世纪初,中国

---

① 何敏:《从清代私家注律看传统注释律学的实用价值》,载梁治平编:《法律解释问题》,中国政法大学出版社 1999 年,第 323 页。

② 同上书,第 325 页。

③ 何勤华:《中国古代法学的死亡与再生》,载《法律文化史谭》,商务印书馆 2004 年,第 300 页。

社会面临亘古大变,甲午战败、辛丑条约,到日俄战争,竟让外国人(俄国、日本)在我们的国土上开战,自己倒成了坐上观的看客![1]在这样的屈辱历史背景下,1901年慈禧太后发布新政诏书,中国传统社会开始自上而下地发生近代化转型。转型最烈在于宪政改革、官制改革,建立起了中国近代的国家官僚机构。1905年慈禧发布预备立宪诏书,至此,清末以宪政改革为龙头的变法修律、近代化运动进入高潮。1908年钦定宪法大纲出台,确立宪法上的君主立宪政体。这年慈禧与光绪相继谢世,转年进入宣统年,这场近代化改革依然继续,大量的近代法律法规均在这一时期纷纷颁布。据统计,从光绪二十八年(1901)到宣统三年1911年,整个清末"新政"十年,清政府发布新法律涉及宪政、司法、法律草案、官职任用、外交、民政、教育、军政、财政、实业、交通、典礼、旗务、藩务、调查统计、官报、会议等十多类,法规数量达2000余件,[2]这一期间既是清政府没落的回光返照,也真实地开启了中国社会的法律近代化。

中国近代法学以移植西方法学,尤其是法德法系的六法为主干,输入西方法治文明的观念、制度与原则,这些涵括世界法律文明的内容包括:

第一,法律的渊源或是人类的理性(自然法),或是全体人民的共同意志(制定法),它是社会正义的体现;

第二,人的天赋的自然权利不可剥夺;

第三,国家或政府是人们之间通过协商、订立契约的产物,因此,国家或政府若不能保护人民,人民就有权推翻它;

第四,必须用法律来治理国家,哪里没有法治,哪里就肯定不再

---

[1] 王涛:《大清新法令1901—1911》点校本总序,商务印书馆2010年。
[2] 商务印书馆编译所编纂:《大清新法令》(1901—1911),何勤华等点校,商务印书馆2010年。

有政府存在;

第五,立法权是最高的权力,具有神圣性,但它不能侵犯公民的生命和财产;

第六,法律的主要目的是保护私有财产;

第七,法律制定后必须坚决执行;

第八,法律面前人人平等;

第九,法律与自由相联系,没有法律也就没有自由;

第十,一切拥有权力的人都容易滥用权力,因此,必须用权力或法律来制约权力。[①]

中国近代法学走上移植、继受西方发达国家法律文明的路子,学习途径,最初传教士从事法律教育、创办团体、刊物开始传播法律知识;[②] 清末政府积极推动,张之洞、袁世凯、刘坤一保举,经钦定的修律大臣沈家本、伍廷芳,[③] 政府开办修订法律馆,派"五大臣出洋考察政治",系统地组织翻译西方法学著作,都是中国近代法学迅速成长起来的重要原因。西方法律文化的传播,除大量的汉译法律类图书出版之外,还有对清末立法成果注释、解释的部门法律著作出版,鉴此,中国近代注释法学在这一背景下出现。

百年后的今天,当我们回顾中国近代法学时,尚存几点思考:

第一,西法传入是中国官方自上而下积极推动的,西方是一套全新的法律系统,与中国传统法学截然不同,要让人们知悉部门法的具体内容,以及这套知识体系的优点,解释法条、阐发法理之著作成为

[①] 何勤华:《法学近代化论考》,载《法律文化史谭》,商务印书馆2004年,第289页。

[②] 何勤华:《传教士与中国近代法学》,载《法律文化史谭》,商务印书馆2004年,第321页。

[③] 王兰萍:《政治家的引领作用》,载吴玉章等主编:《西方法律思想史与社会转型》,中国政法大学出版社2012年,第311页。

西法东渐最基本的读物。

第二，考据、注释之方法是中国固有的治学方法，中国学人信手拈来，中国本土的考据之法与从继受西法知识系统交互对接，使中国近代法学呈现出翻译西法著作与注释法学著作两分天下之势。

第三，此时的注释法学，无论阐释哪种部门法，其核心价值反映西方法律文明的精神，如民主、自由、平等，权力制衡，司法独立，私权自治等，这些理念产生于欧洲近代化过程中民族国家建立、反对封建特权之中，这一历程是人类文明进步发展的必经之路，它为中国社会由专制走向法治奠定了理论基础。清末政府推动的中国法律近代化，其思想层面的意义，对于百年后依然进行中的法制现代化有诸多的启示与历史的借鉴意义。

第四，研究中国法学，按照学术流派梳理，有中国新分析法学派，如民国时期以吴经熊为代表，[①] 确少有关注中国注释法学派别。但是，不容忽视的是中国近代的注释法学研究成果真正体现了中国法学本土化与国际化初次尝试，所产生的碰撞、吸纳、排异、融汇，至今都是不过时的研究课题。因为，中国社会的现代化包括法律现代化依然是国家文明建设的当代话题。

为了梳理这些历史上曾经的、现在尚显支离破碎的中国注释法学，我们着手整理出版《中国注释法学文库》，纳入本次出版计划的书目主要集中于中国近代的注释法学。在众多著作中遴选孟森、秦瑞玠、张君劢、郑竞毅等的注释著作。如孟森的《地方自治浅说》、《咨议局章程讲义》、《省咨议局章程浅释》、《咨议局议员选举章程浅释》，张君劢的《中华民国宪法十讲》，郑竞毅的《强制执行法释义》上、

[①] 端木恺：《中国新分析法学简述》，载吴经熊、华懋生编：《法学文选》，中国政法大学出版社 2003 年，第 231 页。

下，汪文玘的《现行违警罚法释义》，徐朝阳的《刑事诉讼法通义》，秦瑞玠的《大清著作权律释义》，王敦常的《票据法原理》等著作。另外，对于中国古代经典进行法学意义上的阐释之作，我们也纳入其中，如张紫葛、高绍先的《〈尚书〉法学内容译注》。当然，百年前的法律文献，保存十分不易，且不少图书馆索要高价，难以借阅，这些制约了《文库》版本选择，目前远未达到涵盖法学的全部基本法、再现六法面貌，今后随这一出版项目的继续，我们将逐步扩大收书范围，以期全面概观中国近代注释法学原貌。*

---

* 本文由王兰萍执笔。

图书在版编目(CIP)数据

《尚书》法学内容译注/张紫葛,高绍先著.—北京：商务印书馆,2014(2020.2重印)
(中国注释法学文库)
ISBN 978-7-100-09753-6

Ⅰ.①尚… Ⅱ.①张…②高… Ⅲ.①《尚书》—法学—研究 Ⅳ.①K221.04 ②D909.223

中国版本图书馆 CIP 数据核字(2013)第 006353 号

权利保留,侵权必究。

本书据四川人民出版社 1988 年版排印

中国注释法学文库
《尚书》法学内容译注
张紫葛 高绍先 著

商 务 印 书 馆 出 版
(北京王府井大街36号 邮政编码100710)
商 务 印 书 馆 发 行
北京艺辉伊航图文有限公司印刷
ISBN 978-7-100-09753-6

2014 年 1 月第 1 版　　开本 880×1230　1/32
2020 年 2 月北京第 2 次印刷　印张 6¾
定价:35.00 元